Baopuzi Waipian Zhengzhisixiang Yanjiu
《抱朴子外篇》政治思想研究

孙向中　著

河南大学出版社
HENAN UNIVERSITY PRESS
·郑州·

图书在版编目(CIP)数据

《抱朴子外篇》政治思想研究/孙向中著.—郑州:河南大学出版社,2017.12

ISBN 978-7-5649-3115-5

Ⅰ.①抱… Ⅱ.①孙… Ⅲ.①古典哲学－中国－东晋时代 ②《抱朴子》－政治思想－研究 Ⅳ.①B235.75

中国版本图书馆 CIP 数据核字(2017)第 312669 号

责任编辑	马　博　王　珂	
责任校对	李　云	
封面设计	马　龙	
出版发行	河南大学出版社	
	地址:郑州市郑东新区商务外环中华大厦 2401 号　邮编:450046	
	电话:0371-86059701(营销部)　　网址:www.hupress.com	
印　　刷	河南文华印务有限公司	
版　　次	2017 年 12 月第 1 版	印　次　2017 年 12 月第 1 次印刷
开　　本	787mm×1092mm　1/16	印　张　12
字　　数	162 千字	定　价　50.00 元

版权所有·侵权必究

本书如有印装质量问题,请与河南大学出版社营销部联系调换

前　言

本书主要论证了《抱朴子外篇》"以黄老为宗"的思想史定位。

面对激烈的政治斗争,葛洪认为在险恶的官场难有作为,因此放弃仕途,抽身而退隐逸,选择立言著述、成就子书,追求身名并全。纵观古今中外思想史,作为个人一方面要履行政治和社会责任,另一方面又要追求个人自由、彰显个人价值,而结果往往是忽左忽右,这两方面要达到完美平衡是一个亘古难题。葛洪无疑在这一问题上做了有益的思考和实践。葛洪距今将近一千七百年了,今人还能够记得他并不断研究他,可以说他追求立言不朽的人生目标也算实现了。据说诺贝尔医学奖获得者屠呦呦的灵感就来自葛洪的《肘后备急方》。倘若葛洪地下有知,也应含笑九泉了。葛洪既有远见卓识,又能力行成功,真哲人也!

《抱朴子外篇》涵盖的政治思想内容比较驳杂,主要围绕两个中心进行探讨。它的一个中心议题是努力构建一个拥有足够权威的君主专制制度。其创作时间前后二十多年,经历西晋分崩衰亡和东晋江左中兴过程,晋元帝司马睿曾经拉拢葛洪加入百六掾集团参与江左政权的经营筹建,动荡的时势以及门阀专政造成的主弱臣强局面都需要一个强大的专制皇权来恢复社会政治秩序。《抱朴子外篇》为东晋中兴出谋划策,反驳无君论而为君主的社会公共利益职能辩护,强调君主至上而反对强臣擅行废立君主,吸收法家独裁专制性质的御臣之术,特别是主张运用严刑峻法来强化君权,也主张继承传统分封制度来巩固君权。为了打破门阀对仕途的垄断,主张通过循名责实的人才路线为新兴政权迅速聚拢实干人才,舍仁用明、不重品德和出身的思想类似曹操的唯才是举主张。以上都是围绕建立一个强大皇权为中心来阐发的。它的另一个中心议题是探讨皇权之下士人如何立身处世的问题。时局动荡和政治凶险,身为中等士族的葛洪为了保全性命和独立自由,选择不仕而隐,但又与普通隐逸不同,他强调隐士同样要承担为现实政权服务的责任,提出兼顾政治责任和个人价值的隐逸主张。他要求皇权尊重隐士的独立人格和发挥他们的独特政治价值——隐士可以通过立德立言来为现实政治服务,出处一致。葛洪选择归隐著述的方式将儒家的立言不朽和道家贵生保身结合在一起,个人价值上追求身名并全,有儒道互补的特点。《抱朴子外篇》既要建立一个强大的专制皇权,同时又关注在皇权之下保持士人的自由独立。从具体政治措施看,《抱朴子外篇》广泛吸收诸家学说,但是从政治哲学高度看,则是以"因循"、"随时"原则融合诸子百家内容、治国治身兼顾,具有浓厚的黄老之学色彩,与《论六家要旨》中黄老道家的学术特征一致。《抱朴子外篇》主张君主无为而因循臣下,强调根据两晋之际的丧乱实际简化礼制和实行重刑主义,还主张因循人的自利本性来改变儒学不振状况,将读书和做官联系起来,这些正是黄老"因循"、"随时"政治理念的体现。《抱朴子外篇》根据时代变化和需求,博采百家众长尤其是重点吸收和扬弃法家、儒家和道家的思想,既关注治国问题也关注士人治身问题,学术精神上与《吕氏春秋》、《淮南子》和《论衡》一样受到了黄老之学的影响。《抱朴子外篇》在政治思想上表达出既要重建强大专制皇权又要保持士人自由独立的立场。

本书为作者2008年博士学位论文,今出版时包括两篇附录都未作改动。若有一得之见,首先得益于前修时贤的学术探索和积累,特别是杨明照先生的《抱朴子外篇校笺》,为后学研究奠定了基础。杨明照先生嘉惠士林,功不可没,特表敬意!

导师王晓毅教授在本人文章选题和研究思路指引上，循循善诱、诲人不倦，由衷感谢！另外，承蒙浙江大学董平教授提供研究资料，广东省博罗县罗浮山管委会给予大力支持，河南大学出版社在本书出版过程中精心编排，等等，特表谢忱！

2017 年 8 月

目 录

第一章 引言 \ 001
  一、关于《抱朴子外篇》的学派定性归属问题 \ 002
  二、关于《抱朴子外篇》内容上的支离和自相矛盾问题 \ 006

第二章 葛洪家世及其早年履历 \ 011
  一、葛洪的家世门第及其家学传统 \ 011
  二、葛洪的学术交往和游历 \ 022
  三、葛洪在两晋之交的入仕活动 \ 031

第三章 《抱朴子外篇》成书时间及其要解决的时代课题 \ 039
  一、《抱朴子外篇》篇目概况以及成书时间 \ 039
  二、要解决的时代课题 \ 048
  三、葛洪的治学特征 \ 056

第四章 因循随时的政治理念 \ 070
  一、君主因循臣民 \ 071
  二、随时:适应两晋之际的丧乱时势简化礼制和严刑峻法 \ 075
  三、读书做官:因循人性自利改变儒学不振状况 \ 079

第五章 强化君权 \ 084
一、为君主制度的公共利益职能辩护:反驳无君论 \ 084
二、反对强臣擅行废立君主:君主至上 \ 087
三、运用分封措施来巩固君权 \ 090

第六章 法家倾向的治国措施 \ 093
一、吸收法家的御臣之术:君主专制 \ 094
二、严刑峻法思想 \ 097
三、运用刑罚手段矫正社会风俗 \ 105

第七章 循名责实的人才路线 \ 109
一、人才得失是国家兴亡的根源 \ 110
二、名实不符是失人的根本表现 \ 114
三、循名责实,重才轻德 \ 115

第八章 兼顾政治责任和个人价值的隐逸思想 \ 124
一、对道家避害贵生思想的吸收:不仕而隐 \ 124
二、回应法家的隐士无用论:出处同归 \ 130
三、立言与身名并全的人生追求 \ 136

第九章 结语 \ 141

参考文献 \ 147

附录一 葛洪生卒年考异 \ 154

附录二 葛洪生地葬地考 \ 168

第一章

引 言

《抱朴子外篇》今所存者50卷52篇,近十万言,晋葛洪著。葛洪(284—344),丹阳句容人,字稚川,自号抱朴子,故以名其书。葛洪一生历经西晋后期和东晋前期,事迹具《晋书》本传及其《抱朴子外篇·自叙》。《晋书·葛洪传》称"洪博闻深洽,江左绝伦。著述篇章富于班马"。[1]卷72《葛洪传》,p1913 葛洪所著《抱朴子外篇》多与时政有关,糅合儒、法、墨、道等多方面内容。

这里先回顾一下过去研究《抱朴子外篇》的概况和存在问题。《抱朴子外篇》历来不大为人们重视,它一直没有注本行世即是一证。近现代学者更关注反映葛洪道教理论的《抱朴子内篇》。不少政治思想史论著认为《抱朴子外篇》文浅义陋,无甚新意,"葛洪对汉末魏晋学风的批判,实在没有什么高明的见解"。"倒是文中所引鲍敬言的无君论,是思想史上非常难得的材料,值得细加寻绎。"[2]p347 所以论及《抱朴子外篇》时,只是摘取其中《诘鲍》篇所保存的鲍敬言无君论资料,而对整个外篇略而不论。一些关于《抱朴子外篇》的研究多数都是关注其中的文学思想,如二十世纪五十年代以来一些关于文学批评史的论著,像郭绍虞先生的《中国文学批评史》(1955)、罗根泽先生的《中国文学批评史》(1957)、朱东润先生的《中国文学批评史大纲》(1957)、杨明照先生的《葛洪的文学主张》(1960)、张宝坤先生的《〈抱朴子〉的文学思想简论》(1980)、张文勋先生的《葛洪评传》(1989,收入《中国历代著名文学家评传》)、王运熙先生的《魏晋南北朝文学批评史》(1996)、罗宗强先生的《魏晋南北朝文学思想史》(1996)、金毅先生的《葛洪〈抱朴子外篇〉概论》(1997),等等,都是从文学角度看待《抱朴子外篇》的。

前修时贤对《抱朴子外篇》政治思想的研究和探讨,大都病其芜杂,对其基本性质和特点的看法纷纭未定,存在的问题可以概分为内在关联的以下两类。

一、关于《抱朴子外篇》的学派定性归属问题

《抱朴子外篇》卷帙较大,内容驳杂琐碎,因此关于《抱朴子外篇》学派定性归属问题,一直存在很大分歧,有认为属于儒家的、法家的、道家的、杂家的等不同看法。

首先最为普通的是认为《抱朴子外篇》属于儒家的看法。葛洪在其《抱朴子外篇·自叙》中自称"其《外篇》言人间得失,世事臧否,属儒家",[3]卷50《自叙》,p698 而且《抱朴子外篇》中屡屡以儒家礼教标准批判清谈放达时风,所以很多学者也把葛洪视作守旧汉儒代表。

例如汤用彤先生在《魏晋思想的发展》一文中大体上将魏晋时代思想界划分为两个派别:"其中有两个方向,或两种趋势,即一方面是守旧的,另一方面是趋新的。前者以汉代主要学说的中心思想为根据,后者便是魏晋新学。我们以下不妨简称'旧学'与'新学'的两派。'新学'就是通常所谓玄学。当时'旧学'的人们或自称'儒道'。……其实思想皆是本于阴阳五行的'间架',宇宙论多半是承袭汉代人的旧说;'新学'则用老庄'虚无之论'作基础,关于宇宙人生各方面另有根本上新的见解。"[4]p111 据此汤先生在《言意之辨》一文中把葛洪划为旧学代表:"查《抱朴子·尚博篇》崇奉正经,而以诸子为'筌蹄',其说与时人不同。盖葛洪黜浮华奖礼教,以神仙为内,儒术为外,犹是

汉人之旧习,非玄学中人也。"[4]p33汤先生断言葛洪非玄学中人是正确的,然而非玄学中人,并不一定即是汉儒旧学;魏晋时代不预能言之流的人物,不能以守旧汉儒一概而论。

唐长孺先生在《读〈抱朴子〉推论南北学风的异同》一文中也认为葛洪是"旧派人物":"葛洪的学问综合了南北的旧传统、旧思想。那种神仙家与内学(谶纬)正是汉代盛行的东西。他的老师鲍玄是上党人,在魏晋时黄河北岸的学风和江南一样保守。葛洪的地域、家学、师承都重保守,因此他的学问纯为汉人之旧。"[5]p363唐先生把葛洪归为旧传统、旧思想的代表。这里需要指出的是,葛洪治学确实带有汉人旧学特征,但是汉人学术并非可以儒学一概而论。葛洪在其《自叙》中明确表示他不喜谶纬,与一般汉儒也明显有异。

汤用彤先生和唐长孺先生认为《抱朴子外篇》属于守旧汉儒思想的看法基本上代表了大多数学者的意见。范文澜先生指出:"《抱朴子外篇》,完全是儒家面貌,不见怪诞的语句。"[6]p541沈善洪先生在其《中国伦理学说史》中认为葛洪是魏晋时期统治阶级中强烈呼吁回归儒家的第一人。[7]p681刘泽华先生也认为:"他在强调道本儒末的前提下,以'推崇儒术'为宗旨,大讲君道、臣节、崇儒、任能、用刑等,提出了系统的政治主张。其政治思想与儒家正宗很接近。"[8]p343

虽然一些学者也注意到了《抱朴子外篇》中杂糅许多非儒家内容,但仍然认为它的性质属于儒家。台湾李丰楙先生认为:"葛洪的抱朴、保守性格具现于外篇,就是延续并转化汉人旧学,其中含摄儒、墨、道、法、兵诸家,而归本于儒家。"[9]p111丁宏武先生也认为:"尽管《外篇》杂有道、墨、法诸家思想,但总体而言,所占比重不大,而且都与儒家积极用世、'立言助教'的倾向相一致。"因此仍然强调《抱朴子外篇》的思想倾向属儒家。[10]p58

萧公权先生在其《中国政治思想史》中认为《抱朴子内篇》和《抱朴子外篇》属于调和儒道性质,将《抱朴子外篇》作为"儒家思想至魏晋趋于衰微,并未完全息灭"之典型代表。[11]p325"玄学家偏激放荡,至于引起反感,几乎重演汉初儒道相争之局。然魏晋之世致力于调和二家思想者亦不乏其人。李充之《学箴》及葛洪之《抱朴子》皆其代表。"[11]p361"至其所陈治术,则大体取儒家之旨,而参以道家之清简。此吾人所习知,亦可不论也。"[11]p364萧先生认为《抱朴子外篇》的思想内容属于老生常谈,所以未予深究。

虽然葛洪在其《自叙》中称"其外篇言人间得失,世事臧否,属儒家",[3]卷50《自叙》,p698他也以"忝为儒者"自居,[3]卷50《自叙》,p668《晋书·葛洪传》也载其"遂以儒学知名",[1]卷72《葛洪传》,p1911但值得注意的是,葛洪《自叙》中又明言自己不是"纯儒":"贫乏无以远寻师友,孤陋寡闻,明浅思短,大义多所不通。但贪广览,于众书乃无不暗诵精持。曾所披涉,自正经、诸史、百家之言,下至短杂文章,近将万卷。既性暗善忘,又少文,意志不专,所识者甚薄,亦不免惑。而著述时犹得有所引用,竟不成纯儒,不中为传授之师。"[3]卷50《自叙》,p655葛洪说自己学风上博览群书、著述时杂引百家,与"纯儒"不同。通观葛洪治学特征,所言非虚。

还有的学者注意到《抱朴子外篇》中的法家倾向。侯外庐先生即指出:"葛洪的政治思想,虽自称属儒家,但实际上乃汉酷吏的继承,是内法外儒的'王霸道杂之'的憧憬。"[12]p310杨向奎先生在《论葛洪》一文中也指出:"在外篇中他也是儒法杂糅,有时又推崇墨家,用他自己的话说,他不是一个'纯儒'。"[13]p53王仲荦先生也指出:"其外篇据他自己说是儒家,实际上是儒家兼刑名家。"[14]p791台湾宗若莉先生在其《葛洪思想研究》中指出《抱朴子外篇》实质上是以法家为归宗:"葛洪思想驳而不纯,其虽自承为融和儒道,而据其著作内容分析,其思想本质,实为援儒入法;其对道意虽有体认,用意亦在援道家思想,成其神仙家言。故其思想虽综合儒、道、法、神仙家言,而实以神仙家、法家为思想归宗。"[15]p1卢央先生在《葛洪评传》中指出:"论及他在政治思想上,他可算不上是一个纯粹的儒家,似乎应该认为他较多属于法家或刑罚家。即从他关于审举的建议来说,就是一个典型的法家观点。"[16]p193《抱朴子外篇》确实具有很强的法家色彩,但是如果把它归入法家,又显得比较牵强。

除了以上认为《抱朴子外篇》属于儒家和法家外,还有就是把外篇归入杂家、道家或黄老,这是传统历史上的普遍看法。根据杨明照先生罗列《抱朴子外篇》在历代的著录情况,[3]p730可以看到:《隋书·经籍志》、《旧唐书·经籍志》、《新唐书·艺文志》、《宋史·艺文志》、《通志·艺文略》、《崇文总目》、衢州本《郡斋读书志》、《文献通考》和《书目答问》等,均把《抱朴子外篇》归入杂家,而没有归入儒家。《隋志》杂家的归类标准是:"杂者,兼儒、墨之道,通众家之意,以见王者之化,无所不冠者也。"[17]卷34《经籍志》,p1010 过去多数古人都没有将《抱朴子外篇》简单看作儒家。自宋尤袤《遂初堂书目》,一些书目始将《抱朴子内篇》和《抱朴子外篇》合二为一,归入道家;《四库全书总目》沿袭,根据明卢舜治本著录,题曰《抱朴子内外篇》八卷,划入子部道家类。四库提要谓"外篇则论时政得失、人事臧否,词旨辨博,饶有名理,而究其大旨,亦以黄老为宗。故今并入之道家,不复区分焉"。[18]卷146子部道家类,p1946 杨明照先生不同意四库提要的看法,认为:四库提要的"归类和论断,都值得商榷。'言人间得失,世事臧否',是葛洪撰述《抱朴子外篇》的主要目的,针对性非常鲜明,哪里是'以黄老为宗'"?[19]《前言》,p2 杨先生不同意四库提要的论断,似乎把黄老思想简单等同于老庄思想了,没有注意到"言人间得失,世事臧否"与黄老之学的积极治国一面并不冲突。

《抱朴子外篇》的法家倾向以及历史上长期归入杂家的事实,本身即透露出它与黄老思想的密切关系。《史记》载:"申不害者,京人也,……申子之学本于黄老而主刑名。……韩非者,韩之诸公子也。喜刑名法术之学。而其归本于黄老。"[20]卷63《申不害韩非列传》,p2146 可见法家与黄老渊源很深,法家在哲学层面往往与黄老道家相通。《汉书·艺文志》第一次把《吕氏春秋》归入"杂家",杂家学派才正式得名。《淮南子》长期也归入杂家,而冯友兰先生指出:"不能说刘安是杂家,他有一个中心思想,那就是黄老之学。"[21]p137《吕氏春秋》、《淮南子》、《论衡》和《抱朴子外篇》长期归入杂家,今天看来都与黄老思想有相通之处。

萧公权先生在其《中国政治思想史》中说:"洪调和儒道之说,大意本之太史公六家要旨。"[11]p362 萨孟武先生在《中国政治思想史》中也沿袭萧公权先生的意见:"是则葛洪乃依太史公之六家要旨,……他的政治思想不同于清谈派,而欲调和道、儒两家学说。"[22]p308 而实质上《论六家要旨》所尊崇的正是黄老道家思想,说葛洪依据《论六家要旨》立论,反映了葛洪与汉代黄老之学的密切关系。一些学者已经注意到《抱朴子外篇》与黄老之学的关联。伍伟民先生在《黄老之学与抱朴子》一文中认为《抱朴子外篇》对治平之术的论说体现出博采众长的黄老之学的特色,《抱朴子》是黄老之学的殿军,葛洪的思想乃是黄老之学的余晖。[23]p67 丁原明先生在其《葛洪神仙道教思想与黄老学的关系》一文中指出《抱朴子内篇》与黄老学有着密切关系。[24]p68 萧汉明先生在其《葛洪与黄老之学》中也指出葛洪《抱朴子内篇》与黄老之学的密切关系:"葛洪的仙学思想,奠基于原始道家与黄老之学。"[25]p81 熊铁基先生在《替葛洪翻案——略论葛洪在中国文化史上的地位》一文中也指出:"虽然他自己说《外篇》属儒家,但从其具体内容、主张来看,应该属于秦汉以来的黄老新道家。"[24]p590 这些看法都比较敏锐深刻,但大多论及葛洪的神仙道教理论与黄老思想关系密切,而对《抱朴子外篇》的政治思想与黄老之学的联系没有深入系统的分析论证,所以对于《抱朴子外篇》内容上的支离和自相矛盾现象一直未能给出令人满意的合理解释。

二、关于《抱朴子外篇》内容上的支离和自相矛盾问题

《抱朴子外篇》学派定性归属上的困难,主要原因就是它的内容驳杂不纯,其中儒道之间、儒法之间、仕隐之间等都有明显的张力和

冲突,过去研究上一直没有理出清晰的条贯。《抱朴子外篇》卷42《应嘲》即已反映出外人对葛洪隐逸不仕却热心时政的不解。葛洪自谓其《外篇》"属儒家",却贬抑"仁"不如"明",讥刺儒家的礼仪烦琐;自谓其《内篇》"属道家",却指斥《老子》"泛论较略",攻击《庄子》"永无至言",[26]卷8《释滞》,p151 称老庄为"诞谈";[19]卷14《用刑》,p361 给人以在道反道、据儒非儒的印象,所以《抱朴子外篇》被目为人格分裂的两面论体系。胡孚琛先生即认为葛洪有"双重人格的表现"。[27]p83 陈昌文先生在《葛洪——由儒向道的心理历程》一文中也持这样的看法:"《抱朴子》内篇和外篇,表达了双重人格的精神世界。"[28]p43

上揭唐长孺先生《读〈抱朴子〉推论南北学风的异同》一文中也批评道:"他在《明本篇》中说'道德衰则儒墨重',仿佛在排斥儒家,但是他所说的'道',初则提出《易经》中的道字,认为即是道家之道;终则以飞升为学道的目标,所说支离肤浅,自相矛盾。"[5]p363 葛洪一方面强烈关心时政,另一方面又隐逸求仙,与现实政治保持疏离,一些学者解释为葛洪思想上外儒内道或由儒入道,如王明先生即认为:"他的前后思想变迁的脉络,大体就是从入世而遁世,从儒家而皈依神仙道教。"[29]p57 "二重人格所反映出来的两重思想,不免前后左右,互相矛盾。"[29]p79 胡孚琛先生即认为:"葛洪幻想有个清静恬愉的神仙世界,终于舍儒从道。"[27]p97 刘玲娣先生也认为《抱朴子外篇》的"隐逸思想体现了儒道之间不可调和的矛盾"。[30]p35

其实认为葛洪舍儒从道的主要根据就是认为《抱朴子外篇》撰述在《抱朴子内篇》之前,而这一点是值得商榷的。其实二者的创作先后,决非《外篇》在前、《内篇》在后这样简单。《抱朴子内篇》中提及:"余若欲以此辈事,骋辞章于来世,则余所著《外篇》及杂文二百余卷,足以寄意于后代,不复须此。"[26]卷16《黄白》,p283 将《内篇》中提及《外篇》就认为《外篇》一定撰述在《内篇》之前,是比较武断的。因为同样在《外篇》中又有提及《内篇》的时候,都属于孤证难以成立。《抱朴子外篇·自叙》载:"至建武中乃定,凡著《内篇》二十卷,《外篇》五十卷。"[3]卷50《自叙》,p697 这说明在写作外篇《自叙》的时候,《内篇》应当也已经完成了。这样葛洪思想上所谓的先儒后道的说法就不能成立。根据本文后面的考证可知,《抱朴子外篇》的成书时间下限应在公元 330 年左右,《抱朴子外篇》和《抱朴子内篇》基本上同时告竣。简单地以《抱朴子内篇》和《抱朴子外篇》的成书时间先后来解释葛洪思想内部的张力和矛盾是勉强的,认为葛洪人格分裂更无确证。从葛洪的经历来看,一方面他说"余少好方术,负步请问,不惮险远",[26]卷4《金丹》,p72 另一方面他又说自己"年十六,始读《孝经》、《论语》、《诗》、《易》"。[3]卷50《自叙》,p655 基本上是同时学儒道两家。其师郑隐"本大儒士也,晚而好道,犹以《礼记》、《尚书》教授不绝",[26]卷19《遐览》,p332 也是儒道互补、内外兼修的人物,葛洪很可能就是在郑隐门下既读儒书,又读道书。

综观葛洪的生平和学术,其思想上有内在的一致性。郑全先生在《葛洪哲学思想研究》中否定葛洪思想上所谓的分裂,认为葛洪总体思想有一贯性:"我们不能因为他在《外篇》中论治国而不讲修仙,在《内篇》中讲修仙而不论治国就说其思想不一致,或认为其思想发生了转变。葛洪内、外篇的写作目的不同,但总体思想并无背逆。他对儒家、道家都是各有所取,各有所弃。葛洪对于儒、道之取舍,在内、外篇毫无二致,只是《外篇》主要讲治国,《内篇》主要论修仙,内容有异是自然之理。"[31]p17 郑先生注意到《抱朴子》内外篇思想上有一贯性,却没有指出它的一贯性到底何在。如果从黄老之学的角度来分析《抱朴子外篇》,它在内容上的所谓分裂和矛盾也就比较容易解释。与其说葛洪的思想发展是有矛盾的,或者说是先儒后道中夹杂着亦儒亦道,还不如说是黄老之学的"内以治身,外以治国",[26]卷10《明本》,p185"故知治身,则能治国"[26]卷18《地真》,p326 的思想特点的反映。

黄老之学在汉初发挥了巨大威力,儒家独尊后虽然式微但并未绝迹。王晓毅先生在《"因循"与建安至景初之际曹魏官方政治哲学》一文中认为,在汉代经学衰落和魏晋玄学兴起的曹魏前期,道家黄老之学一度兴盛,成为统治集团的指导思想。[32]p74说明黄老之学满足了动荡不安下的时势需要。《抱朴子外篇》政治思想黄老特点的出现也与时势需要密切相关。《抱朴子外篇》虽然自称"属儒家",儒家思想在其中占据相当篇幅,但葛洪对诸子百家兼容并蓄,儒家只是作为他构建理论体系的一个零部件存在,他对"桎梏浅隘之中,挈瓶训诂之间"的儒家"拘系之徒"进行了尖锐的批判,[3]卷32《尚博》,p103"若夫驰骤《诗》、《论》之中,周旋一经之内,以常情览巨异,以褊量测无涯,始自髫龀,诣于振素,不能得也"。[3]卷45《文行》,p446 表明思想学术上不是专守一隅的特点,而主张"夫士以《三坟》为金玉,《五典》为琴筝,讲肆为钟鼓,百家为簧笙"。[3]卷36《安贫》,p218 博采众长,表现出明显的黄老之学特征。

葛洪著述虽然"富于班马",[1]卷72《葛洪传》,p1913 然而今天大多散佚,仅有《抱朴子》内外篇硕果仅存,其他如《神仙传》、《肘后方》等,后人羼入甚多;道藏中也保存一些葛洪的文献资料。《抱朴子》内外篇尤其是外篇是本文研究分析葛洪政治思想的主要依据,同时参照葛洪辑佚资料的相关内容。王明先生对《抱朴子内篇》、杨明照先生对《抱朴子外篇》的校勘整理,提供了迄今最为精善的研究文本;前修时贤对于葛洪政治思想的探讨,也为廓清《抱朴子外篇》政治思想的基本面目奠定了基础。

根据丁原明先生的研究,本书中使用的"黄老"概念,参照标准是司马谈的《论六家要旨》:"根据它的论述,'黄老学'的特点有三:即一是'道'论,二是'虚无为本、因循为用'的'无为'论,三是在对待百家之学上'采儒墨之善,撮名法之要'。其中心围绕着道与治国、治身的问题而展开的。……'黄老学'就是在老庄原始道家之外所兴起的以'道'为究竟,而兼取百家之学的治国、治身学说。"[33]p4 本书所用的黄老概念基本上沿用这种界定。

本书分前后两部分论述。近年来对《抱朴子外篇》政治思想的一些研究，由于缺乏葛洪生平履历等方面的史实考证支撑，往往流于表面。因此，第一部分通过考证分析葛洪的家世门第、家学传统、早年游学仕宦履历、《抱朴子外篇》的成书时间等相关背景，对《抱朴子外篇》政治思想的基本性质、产生原因以及要解决的时代课题剖析梳理，对葛洪学术思想上的黄老特征进行了系统分析。第二部分分析《抱朴子外篇》政治思想的基本内容和性质，大体从治国和治身两个方面论述。《抱朴子外篇》政治思想在治国方面的表现包括因循随时的治国理念、强化君主制度的各种努力、法家倾向的治国措施、循名责实的人才思想等；《抱朴子外篇》政治思想在治身方面的表现，就是强调隐逸要兼顾承担政治责任和实现个人价值，论证出处一致，最终选择归隐立言和身名并全的人生追求。

本书对《抱朴子外篇》政治思想的探讨，尚多不可通者，阙疑未敢臆定。希望通过本书的探讨因小见大，可以略窥两晋之际政治时势演进和士人思潮变动之一斑。为行文简洁，文中征引《抱朴子》内外篇，直接以王明先生和杨明照先生勘正后的文本为准，文字歧异及校勘依据不再具列。

第二章

葛洪家世及其早年履历

葛洪生平简历具见《晋书》卷72《葛洪传》以及《抱朴子外篇》卷50《自叙》,皆为学者所习知,此不赘述。这里主要考证分析与《抱朴子外篇》政治思想特点形成相关的葛洪的家世门第、家学传统、学术游历、入仕活动等方面的背景内容,以有助于理解《抱朴子外篇》政治思想出现的来龙去脉。

葛洪的家世门第属于江东孙吴以来的中等士族;虽非顾陆朱张大姓名门那样贵盛,但绝非寒门单家。葛洪的这种阶级地位,一方面与《抱朴子外篇》中追求隐逸独立的倾向相关,另一方面也与其中反对门阀势力对皇权的威胁,要求新兴东晋政权不拘门第资历擢拔人才、打破门阀垄断仕途有关。

葛洪的家学传统不是守旧汉儒的特征。葛洪深受崇尚渊博、内外兼修的家学传统的影响,其早年的学术游历和入仕活动,也与《抱朴子外篇》的学术特征和政治立场的形成有一定关系。

一、葛洪的家世门第及其家学传统

迄今关于六朝士族的不少论著,尚缺乏葛洪家世门第的专门研究,因此谈及葛洪的家世门第,各种说法歧异甚大,有认为属于寒人的,也有认为属于士族的,等等。这里首先对这一问题进行清理疏证。个人的思想性质与其阶级出身有密切关系,《外篇》中追求隐逸独立的思想倾向与葛洪的士族身份直接相关。

过去很多人认为葛洪属于寒人。例如杨向奎先生在《论葛洪》中认为:"虽然我们不能就说他已经是贫苦农民的身分,但他的家庭没落了,在已经形成士族地主掌握政权的时代,他属于被排斥的阶层,他始终没有爬到统治集团中去,他不是士族地主阶级的代言人,虽然他充满了地主阶级的思想意识。"[13]p53庞月光先生也认为葛洪属于寒门而非士族,他的一个依据就是葛洪少年时代曾经卖薪抄书,因此认为:"葛洪的父祖辈实际上连次等士族都属不上,处于寒门地位。"[34]p51很多人对葛洪的士族身份产生疑问,也与葛洪《自叙》中的卖薪抄书经历有关。台湾刘玉菁先生在《东晋南朝江东士族与道教之关系——以葛洪、陆修静与陶弘景为中心》中也认为,葛洪与占优势的侨姓士族相比,是居于没落劣势的江东士族的身份,[35]p1也不认为葛洪的家族地位多么重要。

以上看法是值得商榷的。葛洪家族门第虽非江东盛门顾陆那样贵达而名播海内,然而绝非微贱的寒人单家。根据当时计资定品常例和葛洪的父祖仕宦情况、葛氏通婚情况、葛洪自己的出仕机会等情况,可以大致推得葛洪的门第高卑。葛洪应当属于中等士族。

唐长孺先生在《士族的形成和升降》一文中指出:"魏晋显贵家族最有资格成为士族。"[36]p54句容葛氏在孙吴和西晋时期正属显贵之列。关于葛洪父祖的仕宦情况,葛洪《自叙》载:

> 洪祖父……仕吴,历宰海盐、临安、山阴三县,入为吏部侍郎、御史中丞、庐陵太守、吏部尚书、太子少傅、中书、大鸿胪、侍中、光禄勋、辅吴将军,封吴寿县侯。洪父……仕吴五官郎、中正,建城、南昌二县令、中书郎、廷尉平、中护军,拜会稽太守……以故官赴,除郎中,稍迁至太中大夫,历位大中正、肥乡令。……发诏见用为吴王郎中令。正色弼违,进可替不。举善弹枉,军国

肃雍。迁邵陵太守,卒于官。[3]卷50《自叙》,p648

葛洪很为自己的以上家世自豪。葛洪的祖父仕吴官至吏部尚书,封吴寿县侯;葛洪父亲葛悌仕吴官至中护军,掌禁兵,入晋曾经做过扬州的大中正,掌管扬州选举和九品官人。葛洪父祖在孙吴和西晋时期所任官职都是举足轻重的显赫职位。除了葛洪祖父官至吏部尚书权力显赫外,其父亲葛悌入晋后所任的大中正典选举,权力也很重,"台阁选举,涂塞耳目;九品访人,唯问中正"。[1]卷48《段灼传》,p1347《晋书·刘毅传》载:"今立中正,定九品,高下任意,荣辱在手。操人主之威福,夺天朝之权势。爱憎决于心,情伪由于己。公无考校之负,私无告讦之忌。用心百态,求者万端。……所欲与者,获虚以成誉;所欲下者,吹毛以求疵。高下逐强弱,是非由爱憎。"[1]卷45《刘毅传》,p1274而大中正本身要求的资望很高。唐长孺先生在《九品中正制度试释》一文中指出:"当中正的人自己必须是二品。"[5]p115所以葛洪父亲的大中正职位不是一般人有资格能担任。晋惠帝元康四年(294),吴王司马晏出镇淮南,葛洪父亲葛悌与江东高门顾秘、陆机、陆云兄弟同时被任命为吴王的郎中令(另江东甘卓被任命为吴王常侍),供事一处,从中可以略窥葛悌与顾陆大族的社会地位不会过于悬殊。早年葛洪跟随父亲在一起,葛洪屡屡提及二陆而且大加赞赏,说明葛洪幼年有接触过二陆的可能。晋惠帝太安年间江东大族镇压石冰之乱,史载顾秘联络葛洪、甘卓等共同起兵,不为偶然,即或因为葛洪父祖与这些大族曾为世交之故。

根据陶弘景《吴太极左宫葛仙公之碑》所载,葛洪从祖葛玄先世显赫:"仙公姓葛,讳玄,字孝先,丹阳句容都乡吉阳里人也。本属琅玡,……祖矩,安平太守,黄门郎。从祖弥,豫章等五郡太守。父焉,字德儒,州主簿,山阴令,散骑常侍,大尚书。代载英哲,族冠吴史。"[37]p21葛玄为葛洪从祖,他们的先世族冠吴史,属于士族门第应无疑问。

另外从葛氏的通婚情况也可以看出其门第不俗。根据《真诰》记载,句容葛洪家族和许迈家族世代通婚,而许迈"家世士族"。[1]卷80《许迈传》,p2106 这表明两家社会地位相当。葛洪年青时南下广州,南海太守鲍靓即嫁女与葛洪,"见洪深重之,以女妻洪"。[1]卷72《葛洪传》,p1911 决非唐突之举,除了他们思想上都重内学外,另一个背景就是葛洪本人虽无官职,但其家世门第并不低微。

从葛洪自己屡屡被统治阶级拉拢的几次出仕经历也可以看出,葛洪因为家世门第地位而拥有出仕的资格和机会。唐长孺先生在《士人荫族特权和士族队伍的扩大》一文中指出,有关士人子孙的补充规定确立了士人的荫族特权,从而确立了士之为族。[36]p67 葛洪的入仕机会即与门第荫庇因素相关。根据葛洪在《抱朴子内篇·金丹》中谈到的情况,可以判断:葛洪作为"大臣之子孙",本来就拥有入仕的资格和机会:

> 予忝大臣之子孙,虽才不足以经国理物,然畴类之好,进趋之业,而所知不能远余者,多挥翩云汉,耀景晨霄者矣。余所以绝庆吊于乡党,弃当世之荣华者,必欲远登名山,成所著子书,次则合神药,以规长生。故俗人莫不怪予之委桑梓,背清涂,而躬耕林薮,手足胼胝,谓予有狂惑之疾也。[26]卷4《金丹》,p86

世人大都奇怪葛洪本有清途可走,却抛弃当世荣华隐遁求仙,世人甚至认为葛洪精神有病。这说明葛洪属于士族之列,本身拥有入仕资格和机会。在《自叙》中葛洪还提及自己有能力影响在位者却不屑去做,有些在位者即是葛洪的至亲:"洪性深不好干烦官长。自少及长,曾救知己之抑者数人,不得已有言于在位者。然其人皆不知洪之恤也,不忍见其陷于非理,密自营之耳。其余虽亲至者,在事秉势,与洪无惜者,终不以片言半字少累之也。"[3]卷50《自叙》,p669 这说明葛洪与这些有权有势者渊源相近,葛洪不与他们往来属于反常之举。

再具体看葛洪一生中几次入仕的经历。晋惠帝太安时期,张昌石冰乱起,扬州震荡,江东大族联合起兵镇压,葛洪即被江东首望顾氏联络一同起兵,葛洪属起兵的江东大族之一。《资治通鉴》载:

> (太安二年)十二月,议郎周玘、前南平内史长沙王矩,起兵江东以讨石冰,推前吴兴太守吴郡顾秘都督扬州九郡诸军事,传檄州郡,杀冰所署将吏。于是前侍御史贺循起兵于会稽,庐江内史广陵华谭及丹扬葛洪、甘卓皆起兵以应秘。[38]卷85《晋纪七》,p2691

《葛洪传》也载:

> 太安中,石冰作乱,吴兴太守顾秘为义军都督,与周玘等起兵讨之,秘檄洪为将兵都尉,攻冰别率,破之,迁伏波将军。[1]卷72《葛洪传》,p1911

杨明照先生指出:大都督顾秘任命葛洪为伏波将军,盖亦因其曾涉江攻破石冰别率之故。[3]p687 之所以葛洪与其他江东大族一起合众起兵镇压石冰之乱,能够"募合数百人",[3]卷50《自叙》,p684 表明葛洪家族应当拥有部曲。唐长孺先生在《孙吴建国及汉末江南的宗部与山越》中指出:"孙吴国内宗族武装组织普遍化。"[5]p22 "吴名宗大族,皆有部曲。"[39]卷28《邓艾传》,p777 葛洪父祖作为江东显贵,应当也有家族势力存在。晋元帝江左践阼,大行封赏,给予葛洪食句容之邑二百户的封赐,可能这二百户本来就是葛洪家族原先的部曲,所谓封赏不过是复客举措。葛洪在《自叙》中提及"洪自有识以逮将老,口不及人之非,不说人之私,乃自然也。虽仆竖有其所短所羞之事,不以戏之也"。[3]卷50《自叙》,p677 葛洪为人端重,不轻易拿仆人作嘲戏对象,这说明葛洪家里应有奴仆。

葛洪的其他几次入仕机会也表明他拥有士族身份。在游历荆襄期间,荆州刺史刘弘即准备辟葛洪;故友嵇含见用为广州刺史,表请葛洪为参军;晋元帝渡江,抚绥新旧,任用包括葛洪在内的所谓的"百六掾",其中很多都是吴中之秀;东晋初年庚寅诏书,葛洪赐爵关中侯;干宝推荐葛洪担任著作郎,还被荐为散骑常侍。东晋咸和时期葛洪求为句扁令,开始成帝即"以洪资高,不许",[1]卷72《葛洪传》,p1911 所谓葛洪"资高"而不批准其委屈任职县令,透漏出葛洪的门第世资之高。葛洪南行赴任句扁令途中,被广州刺史邓岳挽留,邓岳即表请葛洪为东官太守,也可旁证。汪征鲁先生在其《魏晋南北朝选官体制研究》中,即根据葛洪的入仕情况包括起家官品级和所任最高官职品级,将葛洪列为一般士族。[40]p469

虽然葛洪没有进入政治核心成为两晋时期的风云人物,但一生中的数次出仕机会,非单纯其个人才能高低可以解释,应有承籍门资的因素。周一良先生在《评介三部魏晋南北朝史著作》一文中,肯定日人越智重明先生提出的"身分——族门制"概念:西晋末社会上已经形成士人上层、士人下层、庶人上层、庶人下层四个等级。与之相对应的政治身分即甲族、次门、后门、三五门。这就是"族门制"。[41]p506 按照这样的标准,陆机《吴趋行》中所说的"八族未足侈,四姓实名家",[42]卷28,p525 以及《世说新语》注引《吴录·士林》的:"吴郡有顾、陆、朱、张四姓。三国之间,四姓盛焉。"[43]《赏誉第八》,p491 所提到的名门应当属于士人上层;而江东葛洪家族则应当属于次门范畴,即中等世族。

这里回头再来分析葛洪少年时代的卖薪抄书经历,这是许多学者认为葛洪属于寒人的依据。关于这一过程在其《自叙》中记载情形如下:

> 年十有三,而慈父见背,夙失庭训。饥寒困瘁,躬执耕稼,承星履草,密勿畴垄。又累遭兵火,先人典籍荡尽,农隙之暇无所读,乃负笈徒步行借。又卒于一家,少得全部之书。益破功日,伐薪卖之,以给纸笔。昼就营田园,夜以柴火写书。[3]卷50《自叙》,p652

从以上记载看,葛洪卖薪抄书有着偶发特殊原因:家中遭火,书籍焚毁,所以伐薪买纸抄书。"余家遭火,典籍荡尽,困于无力,不能更得。故钞掇众书。"[3]《抱朴子外篇佚文》,p761 葛洪家中遭火情形,另外在其《西京杂记跋》中也有记载:"尔后洪家遭火,书籍都尽,此两卷在洪巾箱中,常以自随,故得犹在。"[44]p279 说明葛洪家里藏书确因火灾焚毁,而当时书籍的传布和获得主要靠抄写,葛洪为了重新置备因火灾损失的书籍，必须花费很大时间和财力去抄书。从其《自叙》中可见葛洪抄书数量之一斑："又抄五经、七史、百家之言、兵事、方伎、短杂、奇要三百一十卷，别有《目录》。"[3]卷50《自叙》,p698 葛洪的伐薪，就是为了买纸抄书而非饥寒所迫。关于葛洪上述的家境变故情况，侯外庐先生有过精辟的分析：

> 我们要指出，这一没落的江东豪族少年，在被歧视的政治环境里生活，自然不能跟祖父时代一样的豪华舒适，指挥如意。然而我们也不能看到"饥寒困悴，躬执耕穑，承星履草，密勿畴袭"等诉苦说话，便以为他真的穷到连饭都没得吃，真的亲自下田去耕穑。实际上，他是并不亲自种田的，他只是把自己的时间花在读书中而已，在田园里时，也只是就所营田园处，以柴火写书而已。我们知道，一个中世纪农民，在时间与经济上是不可能读书的，而葛洪则是写书与读书，这就判定葛洪所说的"躬执耕穑，承星履草，密勿畴袭"，至多是反映一个封建地主的亲自管理监督农事，并不是真的亲自下田。实际的种田生活，决不是"承星履草，密勿畴袭"等字面所能轻轻写尽的。[12]p274

以上侯外庐先生的分析是正确的。葛洪能够博览群书本身就说明了家境不会太差。葛洪《自叙》中还说："衣不辟寒，室不免漏，食不充虚，名不出户，不能忧也。贫无僮仆，篱落颓决，荆棘丛于庭宇，蓬蒿塞乎阶溜，披榛出门，排草入室。"[3]卷50《自叙》,p665 但是葛洪又说自己"抚笔闲居，守静笃门"，[3]卷50《自叙》,p664 说明与下层劳动人民的贫困状况毕竟不可同日而语。田余庆先生在其《门阀士族的经济基础》一文中也指出："士族人物由于际遇的原因，偶有少年家贫而成年以后富者，也有此代贫而下代富者，但不会累世贫穷。正因为他们先人已具备各种条件，包括经济条件，使其家族得以跻身士族，所以骤遇逆境，虽可能一时贫困，但是逆境既迁，贫犹得富，与常人毕竟不同。"[45]p347 葛洪家遭受火灾，正是这种骤遇逆境的情形。另外贫富也不是判定门第高卑的根本标准。

葛洪拥有"关中侯"的赐爵,能够"食句容之邑二百户",[3]卷50《自叙》,p712经济上应当可以自给,这也是《抱朴子外篇》思想上追求隐逸独立的物质基础。王晓毅先生曾多次论及作为生活方式的庄园经济与魏晋玄学自然思想的关系,"认为自给自足的庄园经济是士族人格独立的物质基础。……庄园经济的特征决定了士族人格的独立性,而个体的独立往往是个性自由思想产生的基础"。[46]p12葛洪反复申述追求隐逸的志向,不求闻达,能够专思著述,标举"身不受役,斯则贵矣",[19]卷2《逸民》,p94这与葛洪拥有的士族地位和经济基础密切相关。《抱朴子外篇》中的清高隐士形象即其自身写照:"世有隐逸之民,而无独立之主者,士可以嘉遁而无忧,君不可以无臣而致治。"[19]卷11《贵贤》,p312葛洪说"士可以嘉遁而无忧",实质即是没有官职但仍有"关中侯"爵位,衣食无忧,不会因穷困而违心去做官,这也是葛洪追求隐逸著述而一生中数次拒绝出仕的物质基础。《韩非子·难一》说:"布衣之士,不轻爵禄,无以易万乘之主。"[47]卷15《难一》,p861隐逸清高需要一定的经济基础做后盾。

葛洪的家世门第虽然属于士族之列,但毕竟不是甲族高门,与渡江的王氏等显贵门阀更是不能相比,所以《抱朴子外篇》中屡屡痛斥门阀权贵对仕途的垄断,大量援引法家治术来强化君权以削弱和对抗门阀势力。

这里再来分析一下葛洪的家学传统以及在葛洪身上的遗传影响。王永平先生的《六朝江东世族之家风家学研究》,[48]以及吴正岚先生的《六朝江东士族的家学门风》,[49]选择的个案是传统的所谓江东核心地域与代表世族,而句容葛氏则略而不及。葛洪的治学特征也受到了家学传统的影响。

葛洪的祖父和父亲崇尚博学,表面看来比较驳杂,"洪祖父学无不涉,究测精微,文艺之高,一时莫伦。有经国之才……洪父以孝友闻,行为士表,方册所载,罔不穷览"。[3]卷50《自叙》,p648其祖"学无不涉"、其父"罔不穷览",有杂家特点。在政治伦理上,葛洪祖上忠君但

是适可而止,最后选择明哲保身:

> 洪曩祖为荆州刺史,王莽之篡,君耻事国贼,弃官而归。与东郡太守翟义共起兵,将以诛莽,为莽所败。遇赦免祸,遂称疾自绝于世。[3]卷50《自叙》,p645

> 洪父……晋军顺流,西境不守。博简秉文经武之才,朝野之论,佥然推君。于是转为五郡赴警,大都督给亲兵五千,总统征军,式遏壇场。天之所坏,人不能支。故主钦若,九有同宾。君以故官赴,除郎中。[3]卷50《自叙》,p650

葛洪曩祖和父亲面对政治变故,都曾经为旧主尽忠,但又不是特别执着,都没有为之殉国死难。根据道经记载,葛洪从祖葛玄曾把重要的神仙道经传授给了葛洪的祖父葛奚和父亲葛悌,则葛氏家族有内外兼修的传统。

葛氏家学崇尚博学和内外兼修的特点在葛洪身上有着明显表现。《抱朴子外篇》卷32《尚博》篇,专门论述崇尚渊博的理念及其意义。《抱朴子外篇·重言》中葛洪以玄泊先生自喻,治学即是杂糅百家的特征:"余友人玄泊先生者,齿在志学,固已穷览《六略》,旁综《河》、《洛》,昼竞羲和之末景,夕照望舒之余辉,道靡远而不究,言无微而不测。以儒、墨为城池,以机神为干戈。"[3]卷49《重言》,p633这说明葛洪十几岁少年时代(《论语·为政》:子曰:"吾十有五而志于学。"[50]p15)已经博览群书。葛洪《自叙》中亦载:"贪广览,于众书乃无不暗诵精持。曾所披涉,自正经、诸史、百家之言,下至短杂文章,近将万卷。"[3]卷50《自叙》,p655表现出他对于诸子百家的兼收并蓄态度。葛洪抄书数量甚大:"又抄《五经》、《史》、《汉》、百家之言、方技杂事三百一十卷。"[1]卷72《葛洪传》,p1913而抄书方式是摘抄精要,不是全部誊写,体现出葛洪讲求实用的特点:"钞掇众书,撮其精要,用力少而所收多,思不烦而所见博。……余之钞略,譬犹摘翡翠之藻羽,脱犀象之角牙。"[3]《抱朴子外篇佚文》,p761

葛洪的众多著述就是在这种博览群书、广泛涉猎的基础上写作的。葛洪的《抱朴子内篇》参阅了大量养生方术书籍:"余考览养生之书,鸠集久视之方,曾所披涉篇卷,以千计矣。"[26]卷4《金丹》,p70 又如葛洪编写《肘后方》,就阅读了张仲景、华佗等医书和百家杂方近千卷:"余既穷览坟索,以著述余暇,兼综术数,省仲景、元化、刘戴秘要、金匮、绿秩、黄素方,近将千卷。"[51]葛洪《肘后备急方》序,p9 葛洪在江东句容家乡感到读书范围受限,当时的书籍,"案《别录》、《艺文志》,众有万三千二百六十九卷。而魏代以来,群文滋长,倍于往者。乃自知所未见之多也。江表书籍,通同不具"[3]卷50《自叙》,p660 所以他在镇压石冰之乱后,"投戈释甲,径诣洛阳,欲广寻异书"[3]卷50《自叙》,p687。

葛洪广泛涉猎、博采经史百家的特点也与整个时代风气相关,葛兆光先生指出东汉以来逐渐形成崇尚渊博和通儒的知识主义风气:"博学多识成了当时一种备受推崇的品格,贾逵与马融先后成为知识界的领袖,正是这一知识风气的象征,而融会古今、博通六经的郑玄的出现,则是这一知识风气的结果。"[52]p430 葛洪反复称赞学识渊博的王充并为之辩护,也是受到这种风气影响的一个表现,葛洪学问广博,与其祖父类似,"洪博闻深洽,江左绝伦"。[1]卷72《葛洪传》,p1913

葛洪的博学内容包括了大量的汉儒旧学和观念,但葛洪又自称不是纯儒。与董仲舒、郑玄等纯儒的渊博性质不同。《汉书·叙传下》说董仲舒:"抑抑仲舒,再相诸侯,身修国治,致仕悬车,下帷覃思,论道属书,谠言访对,为世纯儒。"[53]卷100下《叙传下》,p4255 另《后汉书·郑玄传》说郑玄:"玄质于辞训,通人颇讥其繁。至于经传洽孰,称为纯儒,齐鲁间宗之。"[54]卷35《郑玄传》,p1212 而葛洪与董仲舒、郑玄之类纯儒人物有异。葛洪在《勖学》篇中指出要学习的内容是:"进可以为国,退可以保己。"[19]卷3《勖学》,p111 这属于黄老之学的治国治身并重特点。

葛洪的生理形貌和个性心理特点也对《抱朴子外篇》政治思想的形成产生一定的影响。葛洪《自叙》中交代自己的外貌特点:

第二章 葛洪家世及其早年履历

> 洪禀性尫羸,兼之多疾。[3]卷50《自叙》,p664

> 洪之为人也,而朴野,性钝口讷,形貌丑陋。[3]卷50《自叙》,p662

> 余所禀讷骏,加之以天挺笃懒,诸戏弄之事,弹棋博弈,皆所恶见;及飞轻走迅,游猎傲览,咸所不为,殊不喜嘲亵。[19]卷16《交际》,p434

葛洪生理上禀性尫羸,口讷不善于论辩,影响了他不喜交游和参与论辩;加上形貌丑陋,短小瘦弱,所以他隐逸不仕以少抛头露面,专思读书著述。《抱朴子外篇》卷49《重言》篇专门论述沉默慎言的道理和不参与清谈论辩的态度。葛洪讷于言论而长于著述,"著述篇章富于班马"。[1]卷72《葛洪传》,p1913这和左思有点类似,左思即"貌寝,口讷,而辞藻壮丽。不好交游,惟以闲居为事"。[1]卷92《左思传》,p2376葛洪在《抱朴子外篇》中反复强调文人必须通过立言来实现自己的价值,一个原因在于立言恰是口讷的葛洪自己所长。

葛洪在《自叙》中交待自号"抱朴子"的由来:"洪期于守常,不随世变。言则率实,杜绝嘲戏,不得其人,终日默然,故邦人咸称之为抱朴之士。是以洪著书因以自号焉。"[3]卷50《自叙》,p663表明他的个性是不随波逐流,比较独立。因此表现在社交上葛洪不趋炎附势,而注重神交:

> 权贵之家,虽咫尺弗从也;知道之士,虽艰远必造也。[26]《抱朴子内篇序》,p367

> 故虽位显名美,门齐年敌,而趋舍异规,业尚乖互者,未尝结焉。[19]卷16《交际》,p420

葛洪的"抱朴"除了追求独立的一面外,另一面就是清心寡欲、反对虚伪。《老子》第十九章:"见素抱朴,少私寡欲。"[55]p136葛洪在《抱朴子外篇·行品》界定:"履道素而无欲,时虽移而不变者,朴人也。"[19]卷22《行品》,p540所以葛洪的"抱朴"有黄老道家清心寡欲的特征。他在生活方式上不赶潮流即能说明这一点:"丧乱以来,事物屡变:冠履衣服,袖袂裁制,日月改易,无复一定。……余寔凡夫,拙于随俗,其服物变不胜,故不变。"[3]卷26《讥惑》,p11

葛洪在《内篇》中说要"废伪去欲",[26]卷2《论仙》,p73反对矫揉造作,即《后汉书》中范晔概括的"刻情修容"、"以就声价"。[54]卷82上《方术传》,p2724"不为皎皎之细行,不治察察之小廉。村里凡人之谓良守善者,时或赍酒肴候洪,虽非俦匹,亦不拒也。后有以答之,亦不登时也。洪尝谓史云不食于昆弟,华生治洁于昵客,盖邀名之伪行,非廊庙之远量也。"[3]卷50《自叙》,p670虽然葛洪抨击玄学放达,但葛洪和嵇康的"旷迈不群,高亮任性,不修名誉"是一致的,[39]卷21《嵇康传》,p605同样反感名教虚伪而追求自由独立。

葛洪身上的家学遗传以及生理形貌、个性心理,为其政治思想风格的形成刷上了一层基本底色。

二、葛洪的学术交往和游历

从葛洪早年的学术交往和游历来看,他的学术涉猎范围较广。这种广泛涉猎和亲身游历,为其自由援用各种思想资源提供了便利。

葛洪著有阐释贺氏礼学的《丧服变除》,[17]卷32《经籍志》,p921江东贺循之后在南朝世代以专门礼学著称。葛氏与贺氏同为江东世族,两家可能有所往来。葛洪学问涉及天体问题,《尚书·舜典》"在璇玑玉衡"句引《正义》:"蔡邕、郑玄、陆绩、吴时王蕃、晋世姜岌、张衡、葛洪皆论浑天之义,并以浑说为长。"[56]p57列举谈天的著名人物中有葛洪。《晋书·天文志》载葛洪与会稽虞喜争论天体问题,曾著笔难虞喜。[1]卷11《天文志》,p281会稽虞氏是世家大族,自零陵太守虞光至玄孙虞翻五世传易,[39]卷57《虞翻传》,p1322虞喜好读谶纬,著《安天论》,其弟虞预讨厌名士放诞,论调与葛洪类似。但葛洪明言不喜谶纬,与虞氏学风有所不同。

葛洪一生中与黄老传统明显的江东首望顾氏交往非常密切。葛洪一生中的重要事件都有顾氏的因素,特别是顾氏家族的顾秘和顾飚。名士顾荣是顾秘族子。葛洪父亲葛悌与顾秘曾经同为吴王司马晏的郎中令;葛洪参与镇压石冰之乱,是接受了顾秘的命令,平乱后葛洪因功被顾秘任命为伏波将军;葛洪两次南下交广,特别是远赴扶南,正是因为顾秘在交州任刺史,可以受到顾氏的关照。《晋书·葛洪传》和《郭文传》记载葛洪还与顾秘的族子顾飚一起寻访隐居山中的高士郭文。《晋书》关于葛洪不多的史料记载中数数出现与顾氏的交往,说明两个家族关系非同一般,应属通好世交;葛氏与顾氏家学门风相近,既是两家关系密切的原因,也是结果。据吴正岚先生考证,东汉末年以后江东地区顾氏的黄老倾向非常明显。[49]p186 顾氏的黄老倾向部分程度上源于蔡邕的影响。顾雍的人生哲学深得黄老之旨。《三国志·顾雍传》分析顾雍仕途畅达的原因道:"顾雍依仗素业,而将之智局,故能究极荣位。"[39]卷52《顾雍传》,p1242 所谓"智局",便包含了老子的善于把握逆顺、进退之机的计谋。顾氏对黄老思想的重视几乎贯穿了整个六朝时期。在时局动荡之际,顾氏士人深谙全身远害之道。如西晋八王之乱中,顾荣任齐王司马冏属吏,常常以酒自晦,足见顾氏家族的浓厚黄老色彩。物以类聚,人以群分。这些特征在葛洪身上也有明显的表现。

  葛洪受到的师承上的思想影响也值得关注。葛洪青年时期曾经师从郑隐并传承了左慈、郑隐一系神仙道教的重要经典。神仙道教本来就与汉代的黄老之学渊源很深。郑隐将一些黄老学典籍传授给了葛洪。例如,郑隐曾经将"祖述黄老"的《关尹子》(即《文始真经》)传授给葛洪,[26]卷8《释滞》,p151 葛洪对其尊崇甚至:"洪体存蒿艾之质,偶好乔松之寿,知道之士虽微贱,必亲之;虽夷狄,必贵也。后遇郑君思远,郑君多玉笈琼笥之书,服饵开我以至道之良药,呼吸洗我以紫清之上味,后属洪以尹真人《文始经》九篇,洪爱之,诵之,藏之,拜之。……何如此之尊高,何如此之广大,何如此之简易也?洪亲受之。咸和二年五月朔。"[57]《全晋文》卷116《葛洪·关尹子序》,p2125 其实葛洪接受左慈、郑隐一系的不简单是一些仙道经典,更重要的是受到

"外以治国,内以治身"的黄老道家传统的影响,这种无形的渐染更为根本。

郑隐本为儒士,内外兼修,葛洪《抱朴子内篇》中将神仙信仰和儒家伦理结合在一起的做法,有师承上的影响。郑隐知识渊博,学兼内外:"郑君不徒明五经、知仙道而已,兼综九宫三棊、推步天文、河洛谶记,莫不精研。"[26]卷19《遐览》,p338 另外葛洪所师事的岳父鲍靓也是不专一家的学风:"后师事南海太守上党鲍玄。玄亦内学,逆占将来,见洪深重之,以女妻洪。洪传玄业,兼综练医术,凡所著撰,皆精覈是非,而才章富赡。"[1]卷72《葛洪传》,p1911 鲍靓的部分内学和医术传授给了葛洪,葛洪自己说:"鲍氏以洪希仰道味,慎密言语,而见向受此之言旨,令共识,使勿宣也。"[58]《道藏》18册,p756

《抱朴子外篇》卷34《吴失》中屡次以郑隐和左慈的口气发表对于时政的评论:

余生于晋世所不见。余师郑君具所亲悉,每诲之云:"吴之晚世,尤剧之病:贤者不用,滓秽充斥,纪纲弛紊,吞舟多漏。"[3]卷34《吴失》,p142

郑君又称其师左先生隐居天柱山,不营禄利,不友诸侯;然心愿太平,窃忧桑梓。[3]卷34《吴失》,p156

抱朴子闻之,曰:"二君之言,可为来戒,故录于篇。"[3]卷34《吴失》,p170

以上葛洪转述郑隐以及左慈的评论,当不完全是葛洪假托和杜撰。左慈和郑隐认为"吴之失"与"汉之过"是"殊代同疾",[3]卷34《吴失》,p140 都是"用者不贤,贤者不用"造成的"失人"问题。[3]卷34《吴失》,p161 他们批评时政的立场和角度以及最终选择归隐求仙的人生归宿,与葛洪的表现是一致的。他们不仅关注学道求仙,也对政治问题非常关心,忧国忧民。他们感叹"孔、墨之道,昔曾不行。孟轲、扬雄,亦居困否。有德无时,有自来耳",[3]卷34《吴失》,p166 强调个人出处要"随时",没有"时遇"就选择归隐。这些正是黄老道家治国治身并重、因循随时特点的表现。葛洪政治思想上受到郑隐和左慈神仙道教师承上的影响。

葛洪曾有北上入洛游历荆襄的重要经历。虽然葛洪屡屡批判中原的放达风气,但是却主动入洛学习中原文化,值得注意。吴平后吴士入洛学习成为风气,二陆、顾荣、贺循、薛兼、纪瞻等南人翘楚皆鱼贯入洛。唐长孺先生在《读〈抱朴子〉推论南北学风的异同》中指出:"葛洪是吴人,当吴国灭亡与晋室东迁之后,亲见江南人慕效洛阳风气,他是个比较保守的人,对于旧俗的废弃很不满意,所以加以讥刺。"[5]p338葛洪虽然讥刺南人慕效洛阳的书法、语言、哀哭和居丧的种种行为,但他在二十一岁时亲自入洛,仍是属于"南人慕效洛阳风气"的一种表现。

西晋惠帝永兴元年(304),葛洪镇压石冰之乱后,径往洛阳。《自叙》中记载是为了扩大阅读范围:"事平,洪投戈释甲,径诣洛阳,欲广寻异书。"[3]卷50《自叙》,p687所谓广寻异书,根据《自叙》所载原因:

> 案《别录》、《艺文志》,众有万三千二百六十九卷。而魏代以来,群文滋长,倍于往者。乃自知所未见之多也。江表书籍,通同不具。昔欲诣京师索奇异,而正值大乱,半道而还,每自叹恨。[3]卷50《自叙》,p660

从这段话可以知道,葛洪说江表所通同不具的书籍,不单是"《别录》、《艺文志》,众有万三千二百九十九卷"的古书,而是魏代以来中原洛阳所滋长的"倍于往者"的"群文",葛洪积极入洛要学习的正是这一部分内容。对汉魏以来的这部分新学,葛洪是持基本肯定的态度:"汉魏以来,群言弥繁,虽义深于玄渊,辞赡于波涛,……然时无圣人,目其品藻,故不得骋骅、骝之迹于千里之涂,编近世之道于《三坟》之末也。"[3]卷32《尚博》,p101汉末以来新学的孕育不在蜀汉、孙吴而是在曹魏中原地带。唐长孺先生在《读〈抱朴子〉推论南北学风的异同》中指出:"三国时期的新学风兴起于河南,大河以北及长江以南此时一般仍守汉人传统。"[5]p357所以吴士学习新学必须入洛。葛洪入洛虽不大可能要去学习玄学清谈,但所怀有的文化落后感和其他南人是一样的,他说:"上国众事,所以胜江表者多。"[3]卷26《讥惑》,p12汉魏以来诸子之学复兴,葛洪又对百家诸子大家赞赏,他入洛感兴趣的应是诸子之学。

根据葛洪《自叙》,他赴洛途中因为战乱原因没有能够到达洛阳:"昔欲诣京师索奇异,而正值大乱,半道而还,每自叹恨。"[3]卷50《自叙》,p660公元304年石冰事平葛洪前往洛阳,至306年嵇含推荐葛洪任广州刺史参军,两年左右的时间葛洪基本上都是逗留荆州襄阳地区:

> 正遇上国大乱,北道不通;而陈敏又反于江东,归涂隔塞。[3]卷50《自叙》,p689

> 往者上国丧乱,莫不奔播四出。余周旋徐豫荆襄江广数州之间。[26]卷4《金丹》,p70

田余庆先生指出,魏晋以来襄阳的战略地位一直非常重要。[45]p129在逗留襄阳的两年左右时间,正值嵇含投奔刘弘也到了襄阳。《嵇含传》载:"永兴初,除太弟中庶子。西道阻阂,未得应召。范阳王虓为征南将军,屯许昌,复以含为从事中郎。寻授振威将军、襄城太守。虓为刘乔所破,含奔镇南将军刘弘于襄阳,弘待以上宾之礼。"[1]卷89《嵇含传》,p2302葛洪与嵇含交往非常殷勤深厚。葛洪个性不喜交游,但对于朋友之交并不一概否定:"交之为道,其来尚矣。天地不交则不泰,上下不交即乖志。"[19]卷16《交际》,p436葛洪择友的标准是志同道合:"世俗之人,交不论志,……凡如是,则有不如无也。"[19]卷16《交际》,p432在襄阳期间葛洪与嵇含能够深入交往,表明二人有很多共同之处。

嵇含祖父为嵇喜,则嵇含是嵇康的侄孙,《嵇含传》载:"含字君道。祖喜,徐州刺史。父蕃,太子舍人。含好学能属

文。"[1]卷89《嵇含传》,p2301 嵇含擅长著述,与葛洪相似。葛洪对嵇含非常赞赏:

> 友人腾永叔问曰:"嵇君道何如人?"余答曰:"一代伟器也。摛毫英观,难与并驱也。"[3]《抱朴子外篇佚文》,p748

嵇含与洛中上层交往甚密。嵇含成为葛洪了解和探讨洛中文化的一个窗口。《晋书·嵇含传》载嵇含作文嘲讽洛中权贵王浚的侄儿王粹效颦老庄玄学,"时弘农王粹以贵公子尚主,馆宇甚盛,图庄周于室,广集朝士,使含为之赞。含援笔为吊文,文不加点"。[1]卷89《嵇含传》,p2301 可见嵇含对于玄谈也是不太热衷。王粹召集文会,陆云和嵇含都共同出席参加。在洛中之时嵇含与二陆有不少接触机会,因此嵇含和葛洪反复以二陆作为探讨话题。葛洪记录了自己和嵇含两人对于二陆的赞叹:

> 嵇君道曰:"吾在洛,与二陆雕施如意,兄弟并能观,况身于泥蚌之中,识清意于未□之□,诸谈客与二陆言者,辞少理畅,言约事举,莫不豁然,若春日之泮薄冰,秋风之埽枯叶也。"[3]《抱朴子外篇佚文》,p750

> 嵇君道曰:"每读二陆之文,未尝不废书而叹,恐其卷尽也。《陆子》十篇,诚为快书。其辞之富者,虽覃思不可损也;其理之约者,虽鸿笔不可益也。观此二人,岂徒儒雅之士,文章之人也。"[3]《抱朴子外篇佚文》,p751

> 嵇君道问二陆优劣,抱朴子曰:"吾见二陆之文百许卷,似未尽也。朱淮南尝言二陆重规沓矩,无多少也。一手之中,不无利钝。方之他人,若江汉之与潢污。及其精处妙绝,汉魏之人也。"[3]《抱朴子外篇佚文》,p751

以上表明二人都对二陆佩服得五体投地。在襄阳期间葛洪与嵇含二人的交往辩论还有多处记载,探讨话题主要涉及人物评价。葛洪将左思和张华列为通人,表明他对文学的看重,嵇含认为通人的评价过于抬高:

余尝问嵇生曰:"左太冲、张茂先,可谓通人乎?"君道答曰:"通人者,圣人之次也,其间无所复容。"[3]《抱朴子外篇佚文》,p748

嵇含对郭泰比较肯定,拔高到了亚圣的层次:

嵇生以为:"太原郭林宗竟不恭三公之命,学无不涉。名重于往代,加之以知人。知人则哲,盖亚圣之器也。及在衰世,栖栖惶惶,席不暇温,志在乎匡乱行道,与仲尼相似。"[3]卷46《正郭》,p449

而葛洪对郭泰基本持否定态度。另外经过葛洪对祢衡的批判,嵇含也修正了对祢衡赞赏看法:

嵇生曰:"吾所惑者,衡之虚名也;子所论者,衡之实病也。敢不瘳寐于指南,投杖于折中乎?"[3]卷47《弹祢》,p491

葛洪在荆襄逗留期间,嵇含是荆州刺史刘弘的座上宾,刘弘上表推荐嵇含南下任广州刺史,"属陈敏作乱,江扬震荡,南越险远,而广州刺史王毅病卒,弘表含为平越中郎将、广州刺史、假节。未发,会弘卒,时或欲留含领荆州。含性刚躁,素与弘司马郭劢有隙,劢疑含将为己害,夜掩杀之。"[1]卷89《嵇含传》,p2302嵇含将赴广州刺史,就推荐挚友葛洪担任广州刺史参军,然而嵇含随后遭到政治暗杀。政治的险恶和嵇含的不幸遭遇应对葛洪的从政意愿有所打击。

葛洪逗留荆襄期间,与荆州刺史刘弘包括陶侃应有不少接触。刘弘曾经辟葛洪,中间可能有嵇含的推荐因素。"含性通敏,好荐达才贤。"[1]卷89《嵇含传》,p2302葛洪在《自叙》中曾经提及被车骑将军辟:"后州郡及车骑大将军辟,皆不就。荐名琅邪王丞相府。"[3]卷50《自叙》,p712这里葛洪记载被车骑大将军辟,时间上在元帝为丞相之前,则车骑大将军只能指的是荆州刺史刘弘。关于刘弘的车骑大将军称号,《晋书·刘弘传》载:"永兴三年,诏进号车骑将军,开府及余官如故。"[1]卷66《刘弘传》,p1767刘弘为荆州刺史,进据襄阳,根据《晋书》卷4《惠帝纪》,知在太安二年(303)。至306年八月刘弘去世。葛洪304年至306年两年期间正在襄阳逗留,所以辟葛洪的车骑大将军只能是刘弘。

葛洪在襄阳时间较长,加上挚友嵇含与刘弘过从甚密,所以葛洪对刘弘应当比较了解和熟悉。日本葭森健介先生在《魏晋时期的中央政界与地方社会——围绕西晋刘弘墓的发掘问题》一文中认为,魏晋以来刘馥(祖)、刘靖(父)、刘弘(子)是"威惠型"官员的典型,[59]p10即糅合儒法的色彩。张东华先生在《汉末魏晋时期"威惠"型官吏形态研究》一文中也指出刘弘是威惠型官吏的典型代表。[60]p47以下节录《晋书·刘弘传》,可见一斑:

> 弘有干略政事之才,……甚有威惠,……太安中,张昌作乱,转使持节、南蛮校尉、荆州刺史,率前将军赵骧等讨昌,自方城至宛、新野,所向皆平。……进据襄阳。……侃、初等累战破昌,前后斩首数万级。及到官,昌惧而逃,其众悉降,荆土平。[1]卷66《刘弘传》,p1763

刘弘行政风格恩威并施,戡乱毫不手软。在政治立场上刘弘与葛洪有不少相似之处,例如忠君思想和对中央皇权的维护。《刘弘传》载:

> 时总章太乐伶人,避乱多至荆州,或劝可作乐者。弘曰:"昔刘景升以礼坏乐崩,命杜夔为天子合乐,乐成,欲庭作之。夔曰:'为天子合乐而庭作之,恐非将军本意。'吾常为之叹息。今主上蒙尘,吾未能展效臣节,虽有家伎,犹不宜听,况御乐哉!"乃下郡县,使安慰之,须朝廷旋返,送还本署。……时天下大乱,弘专督江汉,威行南服。前广汉太守辛冉说弘以从横之事,弘大怒,斩之。[1]卷66《刘弘传》,p1766

刘弘于扰攘之际,能够尽忠晋室,可为纯臣。另外这时陶侃也是刘弘部下,陶侃为刘弘识拔而终为晋室忠臣。《晋书》卷66刘弘与陶侃二人合传,良有因也。刘弘谓陶侃曰:"吾昔为羊公参军,谓吾其后当居身处。今相观察,必继老夫矣。"[1]卷66《陶侃传》,p1769陶侃行事风格与刘弘同是葭森健介先生所认为的"威惠型"特点。[59]p10葛洪在荆襄期间有可能接触和了解陶侃。

尽忠王室的刘弘与同时期的司马越形成鲜明对比。光熙元年（306）八月："以太傅、东海王越录尚书。"[1]卷4《惠帝纪》,p107 司马越的太傅府操纵朝政，图谋不轨，"越专擅威权，图为霸业，朝贤素望，选为佐吏，名将劲卒，充于己府，不臣之迹，四海所知"。[1]卷59《东海王越传》,p1625 这时候盘桓襄阳刘弘处的葛洪，正在草创《抱朴子外篇》，其中开篇卷6《臣节》、卷7《良规》即强调忠君，反对强臣擅行废立君主，这一思想未必不与时事背景相关。

刘弘包括陶侃都是厌恶玄学放荡风气，也与葛洪类似。干宝《晋纪》即引刘弘对玄学的批判："刘弘教曰：'太康以来，天下共尚无为，贵谈老庄，少有说事。'"[61]p338 另外刘弘尊重隐士，用人路线强调"循名校实"，也与葛洪一致。刘弘曾经辟隐士伍朝，有出于抵制虚浮玄风的考虑。《刘弘传》载：

> 时荆部守宰多阙，弘请补选，帝从之。弘乃叙功铨德，随才补授，甚为论者所称。乃表曰："……盖崇化莫若贵德，则所以济屯，故太上立德，其次立功也。顷者多难，淳朴弥凋，臣辄以征士伍朝补零陵太守，庶以惩波荡之弊，养退让之操。……皆功行相参，循名校实。"[1]卷66《刘弘传》,p1764

根据《晋书·伍朝传》所载，以上刘弘擢拔隐士伍朝为零陵太守，在当时属于破格举动：

> 伍朝字世明，武陵汉寿人也。少有雅操，闲居乐道，不修世事。性好学，以博士征，不就。刺史刘弘荐朝为零陵太守，主者以非选例，不听。尚书郎胡济奏曰："臣以为当今资丧乱之余运，承百王之遗弊，进趋者乘国故以侥幸，守道者怀蕴椟以终身，故令敦褒之化亏，退让之风薄。案朝游心物外，不屑时务，守静衡门，志道日新，年过耳顺而所尚无亏，诚江南之奇才，丘园之逸老也。不加饰进，何以劝善！且白衣为郡，前汉有旧，宜听光显，以奖风尚。"奏可，而朝不就，终于家。[1]卷94《伍朝传》,p2436

刘弘尊重隐士，与《抱朴子外篇》开篇卷1《嘉遁》、卷2《逸民》两篇所主张的发挥隐士的特殊政治价值是完全一致的："厉苟进之贪夫,感轻薄之冒昧。"[19]卷2《逸民》,p72 葛洪在《抱朴子外篇》中吸收法家思想的同时又强调隐士的价值,与法家排斥隐士的态度不同,可能与其在襄阳期间受刘弘施政方针的影响有关。

葛洪304年即已开始创作《抱朴子外篇》,他的学术交往和游历为其思想主旨的形成提供了条件。

三、葛洪在两晋之交的入仕活动

葛洪亲历了西晋王朝的崩溃和东晋初年的统治危机,他在两晋之交的入仕表现与《抱朴子外篇》中的政治立场和思想倾向有很大关系。葛洪参与了司马睿丞相府百六掾集团,后来又参与了王导丞相府。

葛洪逗留荆襄期间,庐江陈敏乘中州之乱据有江东,但基业未定便告失败。包括葛洪在内的江东士族没有给予支持是重要原因。陈寅恪先生在《东晋与江南士族之结合》中指出:"陈敏的失败,原因在江东名宗大族不愿和他合作。"[123]p147"对于江东豪族来说,他们宁可拥护与自己阶级出身、思想信仰相同的司马氏立国于孙吴旧境,而不愿看到陈敏这种令史、顽冗、下才在孙吴旧境称王。"[123]p148 司马睿得以江左践阼建立东晋政权,与包括葛洪在内的江东士人的支持关系很大。葛洪参与晋元帝司马睿丞相府而不支持陈敏,说明葛洪的政治立场是拥护司马氏皇权的。

关于葛洪受到晋元帝辟的情形,《葛洪传》载:

> 元帝为丞相,辟为掾。以平贼功,赐爵关内侯。[1]卷72《葛洪传》,p1911

葛洪在西晋分崩的形势下加入了司马睿丞相府的"百六掾",直接参与了东晋政权在江左的筹建经营。《资治通鉴》卷87晋怀帝永嘉五年(311)载"百六掾"出现背景情况:

> 时海内大乱,独江东差安,中国士民避乱者多南渡江。镇东

> 司马王导说琅邪王睿，收其贤俊，与之共事。睿从之，辟掾属百余人，时人谓之百六掾。[38]卷87《晋纪九》，p2766

"百六掾"成为晋元帝江左中兴的生力军。另外《晋书·虞悝传》也记载辟"百六掾"之事：

> 元帝为丞相，招延四方之士，多辟府掾，时人谓之"百六掾"。[1]卷89《虞悝传》，p2316

这说明"百六掾"在东晋建立过程中的重要影响。葛洪《自叙》中载加入晋元帝统治集团的过程：

> 后州郡及车骑大将军辟，皆不就。荐名琅邪王丞相府，……晋王应天顺人，拨乱反正，结皇纲于垂绝，修宗庙之废祀，念先朝之滞赏，并无报以劝来，洪随例就彼。庚寅诏书赐爵关中侯，食句容之邑二百户。[3]卷50《自叙》，p712

葛洪是被辟的"百六掾"之一。晋元帝渡江，既拉拢江东首望顾荣、贺循等，也需要江东一般士族人物参与政权。以上"庚寅诏书"，根据丁宏武先生考证，是建武元年（317）三月初八（庚寅）司马睿在东晋开国之际颁发的一份比较重要的诏书，主要目的是"备百官"、"彰宪典"，为建立东晋王朝做准备。[62]p93 晋元帝对葛洪赐爵关中侯（《葛洪传》称"关内侯"，误，参杨明照先生辨证[3]p713），级别和待遇可谓不低。《三国志·魏书·武帝纪》裴注引王沈《魏书》曰："置名号侯爵十八级，关中侯爵十七级，皆金印紫绶；又置关内外侯十六级，铜印龟纽墨绶；五大夫十五级，铜印环纽，亦墨绶。"[39]卷1《武帝纪》，p46 关中侯爵十七级，关内侯爵十六级，有差异。干宝就是在这份"庚寅诏书"中赐爵关内侯。俞正燮《癸巳类稿》卷11有《关内侯说》，[63]p515 考索甚详，可参阅。

葛洪作为"百六掾"之一直接参与司马睿丞相府活动以及江左中兴的过程，为"应天顺人，拨乱反正"的晋元帝出谋划策。这一时期也正是葛洪创作《抱朴子外篇》的时期，为了配合司马睿政权的建立和巩固而摇旗呐喊。

晋元帝在建立江左政权的过程中和南北大族既有合作的一面也有冲突的一面。冲突的直接起因即是晋元帝为了改变君权不振、主弱臣强的局面，曾经努力运用法家手段更张政治，强化君权。张国安先生在《晋明帝末年统治集团内部的一次斗争》中指出，晋室伸张皇权的努力一直持续到晋明帝时期。[64]p127 唐长孺先生在《王敦之乱与所谓刻碎之政》一文中指出："王敦之乱是东晋政权建立后第一次朝廷与藩镇之争，也是司马氏帝室与以王氏为代表的南北士族之争。"[36]p151

关于晋元帝运用申韩法家政策，《晋书·阮孚传》载：

> （阮孚）避乱渡江，元帝以为安东参军。蓬发饮酒，不以王务婴心。时帝既用申、韩以救世，而孚之徒未能弃也。虽然，不以事任处之。[1]卷49《阮孚传》，p1364

另外《晋书·庾亮传》也载：

> 时帝方任刑法，以《韩子》赐皇太子，亮谏以申韩刻薄伤化，不足留圣心。[1]卷73《庾亮传》，p1915

元帝治国策略上推重申韩，寻求君主专制。东晋之初推重刑法的具体事实，亦见于《世说新语》"元帝始过江条"敬胤注："（元帝）以法御下，明于黜陟。宋典，上所亲也，其人犯法，免官，……斩而磔之。"另外赵翼《廿二史劄记》中也注意到："《郭璞传》不载《江赋》、《南郊赋》，而独载刑狱一疏，见当时刑罚之滥也。"[65]卷7《晋书二》，p121 晋元帝强烈地想有所作为，实行法家路线，这一政策不为门阀士族所支持，故而他任用刘隗、刁协等没有太深门阀背景的人。《晋书·刘隗传》载：

> 与尚书令刁协并为元帝所宠，欲排抑豪强。诸刻碎之政，皆云隗、协所建。隗虽在外，万机秘密皆豫闻之。[1]卷69《刘隗传》，p1838

同卷《刁协传》也载：

> 每崇上抑下，故为王氏所疾。又使酒放肆，侵毁公

卿,见者莫不侧目。然悉力尽心,志在匡救,帝甚信任之。[1]卷69《刁协传》,p1842

元帝宠信刁协、刘隗,因为他们是元帝以法御下政策的坚定拥护者和执行者,故而王敦之乱中刁刘二人首当其冲。刘隗"排抑豪强",刁协"崇上抑下",表明是维护皇权权威而排斥门阀势力,这与葛洪的立场是一样的。葛洪《抱朴子外篇》中建议君主身边安置"朋友师傅",应选用那些没有门阀背景的忠直寒人:"汤、武染乎伊、吕,其兴勃然;辛、癸染乎推、崇,其亡忽焉。朋友师傅,尤宜精简。必取寒素德行之士,以清苦自立,以不群见惮者。"[19]卷4《崇教》,p156 虽无葛洪参与和支持刘隗、刁协的史料,但另一执行晋元帝法家路线的大臣张闿,史载葛洪明确表示支持并大加赞颂。《晋书·张闿传》称张闿"甚有威惠",是执行晋元帝法家路线的一个地方官典型。因为过度征发劳役免官,行政风格严峻,受到晋元帝宠信:

> 张闿字敬绪,丹阳人,吴辅吴将军昭之曾孙也。少孤,有志操。太常薛兼进之于元帝,言闿才干贞固,当今之良器。即引为安东参军,甚加礼遇。转丞相从事中郎,以母忧去职。既葬,帝强起之,闿固辞疾笃。优命敦逼,遂起视事。及帝为晋王,拜给事黄门侍郎,领本郡大中正。以佐翼勋,赐爵丹阳县侯,迁侍中。
>
> 帝践阼,出补晋陵内史,在郡甚有威惠。帝下诏曰:"夫二千石之任,当勉励其德,绥齐所莅,使宽而不纵,严而不苛,其于勤功督察,便国利人,抑强扶弱,使无杂滥,真太守之任也。若声过其实,古人所不取。攻乎异端,为政之甚害,盖所贵者本也。"闿遵而行之。时所部四县并以旱失田,闿乃立曲阿新丰塘,溉田八百余顷,每岁丰稔。葛洪为其颂。计用二十一万一千四百二十功,以擅兴造免官。[1]卷76《张闿传》,p2018

张闿与葛洪都是孙吴时期权贵之后,葛洪赞颂张闿,可能二人有世交往来。关于葛洪赞颂张闿,《世说新语·规箴》"元皇帝时,廷尉张闿"

条注引:葛洪《富民塘颂》,叙阎曰:"阎字敬绪,丹阳人,张昭孙也。"[43]《规箴第十》,p562《元和郡县志》卷25载:"(丹阳县)新丰湖,在县东北三十里。晋元帝大兴四年,晋陵内史张阎所立。旧晋陵地广人稀,且少陂渠,田多恶秽。阎创湖成灌溉之利。初以劳役免官,后追纪其功,超为大司农。"[66]卷25《江南道一》,p592 从上载史料可以看出元帝对张阎非常信任,张阎是坚决执行元帝指示的。所谓"以擅兴造免官",从其后旋即"超为大司农、转至廷尉卿"可以看出,免职未必出于元帝本意。

张阎遵行元帝指示,所受到的信任和宠遇与刁协、刘隗不相上下,行政风格与元帝的法家政治路线一致。葛洪称赞张阎政绩,为张阎作《富民塘颂》。从中可以看出葛洪与张阎政治立场类似。《抱朴子外篇》中反复强调严刑峻法,甚至主张恢复肉刑,是葛洪支持晋元帝法家政策的直接证据。《抱朴子外篇》屡屡提及晋元帝,都持赞颂态度,而非泛泛谀辞。《嘉遁》篇说"方今圣皇御运",[19]卷1《嘉遁》,p55 杨明照先生指出:"圣皇谓东晋元帝也。"[19]卷1《嘉遁》,p55 这暗示葛洪与刁、刘"崇上抑下"的政治路线应当是一致的。

田余庆先生分析了晋元帝法家政策与门阀利益的尖锐对立:

> 《晋书》卷6《元帝纪》谓"中宗(元帝)失驭强臣,自亡齐斧"。齐斧,受以征伐,象征权威。实际上,元帝从来就没有驾驭强臣的"齐斧",强臣也不允许元帝握有这种"齐斧"。王敦之乱,正是元帝欲用刁协、刘隗为"齐斧"以驭强臣而促成的,其结果是"齐斧"未效,强臣先叛。[45]p40

晋元帝的法家路线遭到失败,拥护晋元帝的一派大多下场凄惨,葛洪的政治抱负无法施展。这也是葛洪在《抱朴子外篇》中数数感叹政治险恶、出仕必须时遇,从而坚决选择隐逸的一个背景。

葛洪除了参与晋元帝司马睿的百六掾统治集团外,还在东晋初年成帝时期参与了王导丞相府。《葛洪传》载:"咸和初,司徒导召补州主簿,转司徒掾,迁谘议参军。干宝深相亲友,荐洪才堪国史,选为散骑常侍,领大著作,洪固辞不就。"[1]卷72《葛洪传》,p1911 同时期干宝也在王导府供事,所以葛洪得以与干宝"深相为友"并受到干宝的推荐。

晋元帝立国江左,与南北大族的合作是占据主导地位的。晋元帝之所以得到南北大族的支持和拥护,起关键作用的人物就是王导。陈寅恪先生在《述东晋王导之功业》中引证史料说明王导笼络政策的历史贡献。[67]p151 以葛洪的资历和家世门第,自然也是王导笼络的对象,但也表明王导辟葛洪只是一个笼络策略,二者政治路线不一定就一致。维护晋祚不绝,这是葛洪与王导的共同之处;是否支持晋元帝强化君权、实行法家专制路线,则是二者的分歧。一方面王导与王敦在元康时期已经在清谈场上崭露头角,过江后仍然非常活跃,与江左玄风的大畅关系甚大;另一方面王导本身是世家大族代表,为政方针崇尚无为,放纵门阀势力,所有这些都是葛洪所难以认同的。

《晋书·孔坦传》载:

> 坦在职数年,迁侍中。时成帝每幸丞相王导府,拜导妻曹氏,有同家人,坦每切谏。时帝刻日纳后,而尚书左仆射王彬卒,议者以为欲却期。坦曰:"婚礼之重,重于救日蚀。救日蚀,有后之丧,太子堕井,则止。纳后盛礼,岂可以臣丧而废!"从之。及帝既加元服,犹委政王导,坦每发愤,以国事为己忧,尝从容言于帝曰:"陛下春秋以长,圣敬日跻,宜博纳朝臣,谘诹善道。"由是忤导,出为廷尉,怏怏不悦,以疾去职。[1]卷78《孔坦传》,p2058

孔坦所以得罪王导,实质是因为他抵制王导门阀权势威胁了皇权权威。此时任职王导府的葛洪,反对门阀专政、维护君主权威的政治立场与孔坦完全一致,其难以取信王导,可以想见。这可能成为葛洪最后离开王导府求职交州句扇令的一个原因。

这时干宝也在王导府供事,"王导请为司徒右长史,迁散骑常侍"。[1]卷82《干宝传》,p2149葛洪对浮杂之交深恶痛绝:"余以朋友之交,不宜浮杂。"[19]卷16《交际》,p420"故巷无车马之迹,堂无异志之宾。"[3]卷50《自叙》,p676而葛洪能够与干宝"深相亲友",说明二人思想上有共鸣之处。《晋书》卷82《干宝传》载:

> 干宝字令升,新蔡人也。祖统,吴奋武将军、都亭侯。父莹,丹阳丞。宝少勤学,博览书记,以才器召为著作郎。平杜弢有功,赐爵关内侯。[1]卷82《干宝传》,p2149

干宝祖籍新蔡,实际早已是吴人,家世也是江东官宦,但门第较葛洪要低。干宝父亲干莹当过葛洪家乡丹阳的丞,所以两家有可能很早就有交往。干宝"赐爵关内侯",也比葛洪的"赐爵关中侯"低。[3]卷50《自叙》,p712《干宝传》载干宝"以家贫,求补山阴令,迁始安太守"与葛洪"欲炼丹以祈遐寿,闻交阯出丹,求为句屚令"[1]卷72《葛洪传》,p1911两相比较,同样是求职县令,干宝是为经济窘迫原因,葛洪则是出于信仰追求,有很大区别。

《干宝传》载干宝著作《搜神记》"以明神道之不诬"[1]卷82《干宝传》,p2151与葛洪写作《抱朴子内篇》以及《神仙传》证明"神仙可得,不死可学"[68]p95大同小异。重要的是两个人在政治观念方面有相近之处。干宝推荐葛洪担任著作郎,葛洪固辞不就,最后干宝担任了著作郎。著作郎属于史官。《晋书·职官志》载:"著作郎,周左史之任也。……著作郎一人,谓之大著作郎,专掌史任,又置佐著作郎八人。"[1]卷24《职官志》,p735干宝推荐葛洪"才堪国史",干宝自己也是"以才器召为著作郎",说明二人同有史才。二人都肯定史学上"直笔"的价值,即实事求是的理性态度。《干宝传》称干宝"著《晋纪》,自宣帝迄于愍帝五十三年,凡二十卷,奏之。其书简略,直而能婉,咸称良史"。王应麟《困学纪闻·考史》指出:"干宝论晋之创业立本,固异于先代。后之作史者不能为此言也,可谓直矣。"[69]卷13《考史》,p273葛洪也特别肯定直笔的价值:"非不能属华艳以取悦,非不知抗直言之多咎,然不忍违情曲笔,错滥真伪。欲令心口相契,顾不愧景,冀知音之在后也。"[3]卷42《应嘲》,p414 另《抱朴子外篇·吴失》中也明确表达了直言不讳的著述立场:"若苟讳国恶,纤芥不贬,则董狐无贵于直笔,贾谊将受讥于《过秦》乎?"[3]卷34《吴失》,p170 书法不隐的直笔做法历来受到肯定。《左传》宣公二年:"孔子曰:'董狐,古之良史也,书法不隐。'"[70]p598

干宝与葛洪思想上有同有异,干宝有很浓的灾异迷信思想;但干宝《晋纪总论》中也表现出对天命的怀疑,他探讨怀愍二帝继位之时本有祥瑞之应,却连番倾覆的原因时指出:"由此推之,亦有征祥。而皇极不建,祸辱及身,岂上帝临我而贰其心,将由人能弘道非道弘人者乎?"[42]卷49干宝《晋纪总论》,p934 干宝与葛洪都为现实中皇权不振而痛心:"怀帝承乱之后,得位羁于强臣,愍帝奔播之后,徒厕其虚名,天下之政,既已去矣,非命世之雄,不能取之矣。"[61]p351 葛洪与干宝都强烈希望强化君权,期盼东晋皇帝能够成为"命世之雄"以拨乱反正,重建政治和社会秩序。这是两个人政治立场上一致之处和"深相亲友"的深层原因。

葛洪"才堪国史",应当通晓历代成败规律。章太炎先生指出:"太史公论六家要旨,于阴阳、儒、墨、名、法五家,各有短长,而以黄老之术为依归。此由身为史官,明于成败利钝之效,故独有取于虚无因循之说也。"[71]p292 老子和司马谈同为史官,史观和史识上有深刻而通达的特征,因此史学和黄老思维的形成可能有一定关系。葛洪也是"才堪国史",其政治思想上能够因循援用百家之学,可能与他的史学才能有一定关系。

葛洪在两晋之际的入仕经历和表现,与其《抱朴子外篇》的政治思想倾向密切相关。

第三章

《抱朴子外篇》成书时间及其要解决的时代课题

《抱朴子外篇》的创作前后经历二十多年,它的创作起止时间是分析其政治思想内容和性质的基本坐标。葛洪所处时代,动荡程度前所未有,正如太兴二年虞预上书所指出的严重情形:"自元康以来,王德始阙,戎翟及于中国,宗庙焚为灰烬,千里无烟爨之气,华夏无冠带之人,自天地开辟,书籍所载,大乱之极未有若兹者也。"[1]卷82《虞预传》,p2144 在这样的严峻形势下,《抱朴子外篇》一方面要解决的迫切时代课题便是如何重建强大中央皇权以恢复社会政治秩序;另一方面面对现实政治的凶险复杂,葛洪又努力思考和构建一套在强大皇权之下既能保证个人生命和自由、又能为现实政治服务的安身立命方案。为了解决这两方面的时代课题,《抱朴子外篇》以黄老之学为主导,综合运用儒、法、道、墨等各家思想,围绕治国与治身两方面的问题,提出了一套反映时代特色的完整理论体系。

一、《抱朴子外篇》篇目概况以及成书时间

为了便于以下分析说明,这里首先列举一下现存《抱朴子外篇》的篇目情况(见表1):

表1 《抱朴子外篇》篇目表

卷次	篇目	卷次	篇目
卷1	嘉遁	卷26	讥惑
卷2	逸民	卷27	刺骄
卷3	勖学	卷28	百里
卷4	崇教	卷29	接疏
卷5	君道	卷30	钧世
卷6	臣节	卷31	省烦
卷7	良规	卷32	尚博
卷8	时难	卷33	汉过
卷9	官理	卷34	吴失
卷10	务正	卷35	守塉
卷11	贵贤	卷36	安贫
卷12	任能	卷37	仁明
卷13	钦士	卷38	博喻
卷14	用刑	卷39	广譬
卷15	审举	卷40	辞义
卷16	交际	卷41	循本
卷17	备阙	卷42	应嘲
卷18	擢才	卷43	喻蔽
卷19	任命	卷44	百家
卷20	名实	卷45	文行
卷21	清鉴	卷46	正郭
卷22	行品	卷47	弹祢
卷23	弭讼	卷48	诘鲍
卷24	酒诫	卷49	知止、穷达、重言
卷25	疾谬	卷50	自叙

第三章 《抱朴子外篇》成书时间及其要解决的时代课题

以上除了卷49是1卷3篇外,其他都是1卷1篇,共计50卷52篇。这里移录侯外庐先生对篇目概况的介绍:

除《自叙》一卷外,余四十九卷五十一篇,便是《外篇》的全部了。《外篇》内容,分为五项:第一是关于政治的,如《君道》、《臣节》、《官理》、《贵贤》、《任能》、《用刑》、《审举》、《百里》、《汉过》、《吴失》等;第二是对风俗习尚的批评,如《交际》、《名实》、《清鉴》、《行品》、《弭讼》、《酒诫》、《疾谬》、《讥惑》、《省烦》等;第三是对汉末以来,学风及思潮的批评,如《钧世》、《尚博》、《正郭》、《弹祢》、《诘鲍》等;第四是关于个人生活修养及态度的,如《嘉遁》、《逸民》、《守塉》、《安贫》、《仁明》、《知止》、《穷达》等;第五是表白著书用意的,如《应嘲》、《喻蔽》、《百家》等。其他如《博喻》、《广譬》等,则因文体特殊,内容驳杂琐碎,不易确定其应属那项。[12]p310

侯外庐先生划分的五项内容,前三项大致可以归为治国方面,后两项大致可以归为治身方面。《抱朴子外篇》历来归入杂家,可见其内容不易理出条贯。

确定《抱朴子外篇》的成书时间,是分析其政治思想性质和特点的基本参照坐标,这里首先进行考证分析。过去认为《抱朴子外篇》的成书时间下限在晋元帝建武年间即317年左右,最迟不晚于322年,所以《抱朴子外篇》与东晋建立之后的一些史实无甚关系。这里试作补充辨证。《抱朴子外篇》大概从304年开始创作,直至330年左右才最后成书,前后经历二十多年。

现存《抱朴子外篇》佚亡严重,并非完本。杨明照先生指出:"严可均谓'是书久残缺','今本仅《内篇》之十五六,外篇之十三四耳。'所言盖得其实。"[3]p448 这种佚亡状况为推断它的成书时间带来了困难。

据葛洪《自叙》,抱朴子内外篇开始草创于葛洪"年二十余",即镇压石冰之乱事平之后,当为永兴元年(304)之时,时年葛洪二十一岁:

> 洪年二十余,乃计作细碎小文,妨弃功日,未若立一家之言,乃草创子书。会遇兵乱,流离播越,有所亡失。连在道路,不复投笔十余年。至建武中,乃定。[3]卷50《自叙》,p697

杨明照先生指出:"乃草创子书",即将弱冠前所作草稿再事修订之意,非谓其始作也。[3]p697《抱朴子外篇》的主体内容在东晋之初完成是没有疑问的,即葛洪所说的"至建武中,乃定"。杨明照先生认为:"是书最初写定于晋元帝建武元年,嗣后续有订补,历时约一二年之久。"[3]p147台湾陈飞龙先生在《〈抱朴子〉修撰过程考论》中也指出,《抱朴子外篇》建武中大致完成,之后有所修订,但成书时间在322年之前,不会太晚。[72]这些看法尚有可以补充之处。《抱朴子外篇》建武年间完成后续有修订,时间不止一二年,至少延至葛洪赴句屚令之时即330年左右。《抱朴子外篇》建武中完成的应当是初稿,之后并非束之高阁而是不断修改。《自叙》中载葛洪有不断修改文章的习惯:

> 他人文成,便呼快意,余才钝思迟,实不能尔。作文章每一更字,辄自转胜,但患懒又所作多,不能数省之耳。[3]卷50《自叙》,p696

这说明葛洪对文稿不断修改。其实对于文章的不断修改是当时多数文人的习惯做法。《世说新语·文学》"左太冲作《三都赋》初成"句注引《左思别传》:"其《三都赋》改定,至终乃止。初,作《蜀都赋》云:'金马电发于高冈,碧鸡振翼而云披。鬼弹飞丸以礚礚,火井腾光以赫曦。'今无鬼弹,故其赋往往不同。"[43]《文学第四》,p246左思对《三都赋》的修改,至死为止。陆云的《南征赋》第一部分草稿见于《与平原书》,而《陆士龙文集》中的《南征赋》则是经过其兄陆机修改后的完成稿。[73]p209草稿和完成稿之间的修改过程非常明显。葛洪自述自己的修改文章过程:

> 洪年十五六时,所作诗赋杂文,当时自谓可行于世。至于弱冠,更详省之,殊多不称意。夫才未必为增也,直所览差广,

> 而觉妍媸之别。于是大有所制,弃十不存一。今除所作子书,
> 但杂文尚余百所卷,犹未尽损益之理,而多惨愤,不遑复料护
> 之。[3]卷50《自叙》,p695

葛洪在十五六时所作诗赋杂文,在二十来岁(《礼记·曲礼》上:"二十曰'弱',冠。"[74]p19)之时又做了重大修改,弃十不存一。在他晚年作《自叙》的时候,仍有百余卷著作有待再做修改完善。

《抱朴子外篇》初稿完成后又经过了不断的修改。特别是《文行》、《百家》和《尚博》三篇前后修改的痕迹比较明显,可为佐证。三篇之间的关系问题,从明代以来一直都认为《文行》和《百家》是《尚博》篇所重出,所以明代《抱朴子外篇》吉藩刻本即直接删除这两篇未予刻录,但杨明照先生已经注意到不是简单的重出问题:"《百家》、《文行》二篇,是继《尚博》篇之后而专论"子论"与"文章"者。"[3]p448杨先生认为是另外专文制作。但三篇之间大量的重复段落,又很难用另外专文制作来解释,最有可能的是葛洪前后草稿和定稿并存流传的情况,直接反映了葛洪对文章进行"损益"修改的过程。

这里移录《尚博》篇部分内容和《百家》篇、《文行》篇做一比较,可以发现,前者《尚博》应当为草稿,后者《百家》篇、《文行》篇应当是修改后的定稿。左右画线部分修改痕迹最为明显,修改后的文笔和义理更为通顺:

《尚博》(应是草稿)

抱朴子曰："正经为道义之渊海，子书为增深之川流。仰而比之，则景星之佐三辰也；俯而方之，则林薄之裨嵩岳也。虽津涂殊辟，而进德同归；虽离于举趾，而合于兴化。故通人总原本以括流末，操纲领而得一致焉。

"古人叹息于才难，故谓百世为随踵。不以璞非昆山，而弃耀夜之宝；不以书不出圣，而废助教之言。是以闾陌之拙诗，军旅之鞠誓，或词鄙喻陋，简不盈十，犹见撰录，亚次典诰。百家之言，兴善一揆。

"譬操水者，器虽异而救火同焉；犹针、灸者，术虽殊而攻疾均焉。[3]卷32《尚博》，p98

百家(应是定稿)

抱朴子曰："百家之言，虽不皆清翰锐藻，弘丽汪濊，然悉才士所寄心，一夫澄思也。正经为道义之渊海，子书为增深之川流。仰而比之，则景星之佐三辰；俯而方之，则林薄之裨嵩岳。

"而学者专守一业，游井忽海，遂蹶蹶于泥泞之中，而沈滞乎不移之困。子书披引玄旷，眇邈泓窈。总不测之源，扬无遗之流。变化不系于规矩之方圆，旁通不沦于违正之邪径。风格高严，重仞难尽。是以偏嗜酸甜者，莫能赏其味也；用思有限者，不得辩其神也。

"先民叹息于才难，故谓百世为随踵。不以璞不生板桐之岭，而捐曜夜之宝；不以书不出周、孔之门，而废助教之言。

"犹彼操水者，器虽异而救火同焉；譬若针、灸者，术虽殊而攻疾均焉。

"狭见之徒，区区执一，云广博乱精思，而不识合锱铢可以齐重于山陵，聚百千可以致数于亿兆。惑诗赋琐碎之文，而忽子论深美之言。真伪颠倒，玉石混殽，同广乐于桑间，均龙章于素质，可悲可慨，岂一条哉！[3]卷44《百家》，p441

《尚博》（应是草稿）

或曰："德行者，本也；文章者，末也。故四科之序，文不居上。然则著纸者，糟粕之余事；可传者，祭毕之刍狗。卑高之格，是可识矣。文之体略，可得闻乎？"

抱朴子答曰："荃可以弃，而鱼未获，则不得无荃；文可以废，而道未行，则不得无文。

若夫翰迹韵略之宏促，属辞比事之疏密，源流至到之修短，蕴藉汲引之深浅。其悬绝也，虽天外、毫内，不足以喻其辽邈；其相倾也，虽三光、熠耀，不足以方其巨细；龙渊、铅铤，未足譬其锐钝；鸿羽、积金，未足比其轻重。清浊参差，所禀有主，朗昧不同科，强弱各殊气。而俗士唯见能染毫画纸者，便槩之一例。斯伯牙所以永思钟子，匠石所以格斤不运也。

"盖刻削者比肩，而班、狄擅绝手之称；援琴者至众，而夔、襄专知音之难；厩马千驷，而骐骥有逸群之价；美人万计，而威、施有超世之容。盖有远过众者也。

且文章之与德行，犹十尺之与一丈。谓之余事，未之前闻。夫上天之所以垂象，唐、虞之所以为称，大人虎炳，君子豹蔚，昌、旦定圣谥于一字，仲尼从周之郁，莫非文也。八卦生鹰隼之所被，六甲出灵龟之所负。文之所在，虽贱犹贵。犬羊之鞟，未得比焉。且夫本不必皆珍，末不必悉薄。譬若锦绣之因素地，珠玉之居蚌石，云雨生于肤寸，江河始于咫尺。尔则文章虽为德行之弟，未可呼为余事也。[3]卷32《尚博》，p108

《文行》（应是定稿）

或曰："德行者，本也；文章者，末也。故四科之序，文不居上。然则著纸者，糟粕之余事；可传者，祭毕之刍狗。卑高之格，是可识矣。"

抱朴子答曰："荃可弃，而鱼未获，则不得无荃；文可废，而道未行，则不得无文。

若夫翰迹韵略之广逼，属辞比义之妍媸，源流至到之修短，韫藉汲引之深浅。其悬绝也，虽天外、毫内，不足以喻其辽邈；其相倾也，虽三光、熠耀，不足以方其巨细；龙渊、铅铤，未足以譬其锐钝；鸿羽、积金未足以方其轻重。

而俗士唯见能染毫画纸，便槩以一例。斯伯氏所以永思钟子，郢人所以格斤不运也。

"夫斲削者比肩，而班、狄擅绝手之名；援琴者至多，而夔、襄专清声之称；厩马千驷，而骐骝有逸群之价；美人万计，而威、施有超世之色者，盖远过众也。

且文章之与德行，犹十尺之与一丈。谓之余事，未之前闻也。

八卦生乎鹰隼之被，六甲出于灵龟之负。文之所在，虽贱且贵。本不必便疏，末不必皆薄。譬锦绣之因素地，珠玉之托蜯、石，云雨生于肤寸，江河始于咫尺。理诚若兹，则雅论病矣。[3]卷45《文行》，p445

通过以上对比可以发现，后者对于前者有增加润色的地方，也在有的地方删除了累赘冗余表达不雅的词句，相比更为准确流畅，即是葛洪自己所说的"作文章每一更字，辄自转胜"。[3]卷50《自叙》,p696 前者应是草稿，后者应是定稿，草稿和定稿各有条贯，文字有明显修改痕迹而非脱佚情况。《尚博》篇似乎是葛洪早年的未定之稿，后录之成帙。

《抱朴子外篇》中其他处前后修改的情况还有很多。例如《良规》中"龙门沸腾，非掬壤所遏"一句，《北堂书钞》99引作"龙门将决，非寸壤所遏"。孙人和曰："按《书钞》99引'沸腾'作'将决'，'掬'作'寸'。皆较今本为优。"[19]卷7《良规》,p276 另外如《酒诫》："法轻利重，安能免乎哉？"《意林》引作："法轻利重，安能令绝乎？"[19]卷24《酒诫》,p585 也较今本为优。这些都是修改推敲的痕迹而非文字讹误情形。《抱朴子外篇》文字上的这种修改痕迹还有很多，不再举例。

《抱朴子外篇》建武中大体写定，之后不断修改完善包括整篇补充都有可能，所以《抱朴子外篇》的成书时间持续较长。葛洪晚年隐居罗浮山，"在山积年，优游闲养，著述不辍"。[1]卷72《葛洪传》,p1912 所谓著述不辍，完全可能继续修订以前的文稿。

《抱朴子外篇·自叙》中提及葛洪赴句扉令之际的内容，更可佐证《抱朴子外篇》的成书时间下限拖得较晚。《自叙》是《抱朴子》内外篇的终篇之作。《自叙》也非一时一地所作，它提到"以始立之盛""著《自叙》之篇"，[3]卷50《自叙》,p715 只是表明《自叙》的动笔时间是在三十多岁，而非最终定稿时间。《自叙》中载葛洪前往句扉令之时的一个细节：

> 今将遂本志，委桑梓，适嵩岳以寻方平、梁公之轨。先所作子书内外篇，幸已用功夫，聊复撰次，以示将来云尔。[3]卷50《自叙》,p694

表明葛洪将要远离家乡、寻求成仙。这应当是葛洪远赴句扉令之前

的话语,今考《晋书》本传所载,二者一致:

> 以年老,欲炼丹以祈遐寿,闻交阯出丹,求为句屚令。帝以洪资高,不许。洪曰:"非欲为荣,以有丹耳。"帝从之。[1]卷72《葛洪传》,p1911

葛洪请求晋成帝批准前往荒远的交州句屚任县令,所欲遂的"本志"即"炼丹以祈遐寿"。葛洪赴句屚前尚留有另一篇文字,保存在今道藏《太清金液神丹经》卷下中,丁宏武先生考证认定这部分内容确系葛洪手笔。[75]p14 其中葛洪表白远赴句屚的初衷:

> 小县之爵,岂贪荣耶?洪所以不辞者,欲结以民力,求其通路耳。将欲盘桓于丹砂之郊而修于潜藏之事,此之宿情,禄愿俱集。永辞坟柏,吾其去矣![58]第18册《太清金液神丹经》卷下,p757

这里葛洪说"小县之爵,岂贪荣耶"正和《晋书》本传中葛洪说"非欲为荣,以有丹耳"互相印证。《太清金液神丹经》还载葛洪一再说:"永辞坟柏,吾其去矣,""再拜朱门,与尔长辞;背放松坟,中心藏之。"[58]第18册《太清金液神丹经》卷下,p757 这和《自叙》中所说的"今将遂本志,委桑梓"伤感语气一样,都是葛洪前往交州句屚之前的诀别话语。因此葛洪赴句屚令的时间即是《自叙》的最后写定时间。

《晋书》载葛洪赴句屚令途中,为广州刺史邓岳挽留:"至广州,刺史邓岳留不听去,洪乃止罗浮山炼丹。"[1]卷72《葛洪传》,p1911 所以葛洪赴句屚令的时间应在邓岳任广州刺史之后。邓岳任广州刺史的时间是在咸和五年(330年)。《资治通鉴》卷94载:

> (成帝咸和五年,330年)诏以(陶)侃都督江州,领刺史;以邓岳督交、广诸军事,领广州刺史。[38]卷94《晋纪十六》,p2976

既然邓岳咸和五年(330)始为广州刺史,则葛洪南行句屚的时间不早于330年。葛洪临行前写定的《自叙》与《太清金液神丹经》卷下内容也不早于330年。《自叙》为《抱朴子外篇》的终篇之作,则《抱朴子外篇》的最后成书时间也不早于330年。

综上所述,《抱朴子外篇》的写作时间起讫应为304年到330年左右,前后经历二十多年,而这一时期政局风云变幻,不能不对葛洪《抱朴子外篇》的内容产生影响。

二、要解决的时代课题

《抱朴子外篇》"立言助教",[19]卷1《嘉遁》,p61"言人间得失,世事臧否",[3]卷50《自叙》,p698现实针对性非常鲜明,与西晋末年至东晋成帝时期的政治时势密切相关。明朱务本《刻抱朴子叙》评论道:"《外篇》备论时政得失,人事臧否,广驳曲引,穷搜远喻,凿凿允合于时,可以拯弊捄乱,施诸行事。……推而论之,用则可以辅世长民,舍则可以全身远害。"[3]p761指出《抱朴子外篇》内容上包括了治国与治身两大方面。《抱朴子外篇》内容庞杂,但内在仍然有着清晰的理路和所要努力解决的中心问题。《抱朴子外篇》治国方面要解决的时代课题是重建皇权问题;治身方面着重要解决的是皇权和士人的自由关系问题。

(一) 重建和加强皇权问题

西晋出现短暂的统一,很快就在多种矛盾的交织中垮台:

> 晋怀帝永嘉五年五月,刘聪攻陷洛阳,晋王公百官及百姓死者三万多人,怀帝被虏到平阳。怀帝被虏后,晋人立愍帝于长安。当时"长安城中,户不盈百,墙宇颓毁,蒿棘成林,朝廷无车马章服,唯桑版署号而已"(《晋书·愍帝纪》)。经过五年艰苦战斗,公元316年,刘聪遣刘曜攻长安,愍帝出降。晋朝在北方的政权垮台,西晋亡。怀、愍两帝在平阳受尽侮辱,最后都为刘聪所杀。[76]p194

葛洪生于晋武帝太康五年(284年),卒于晋康帝建元二年(344年),其《抱朴子外篇》从304年21岁左右开始创作至330年左右成书。葛洪亲身经历两晋之交的惨烈祸乱过程,认真思考和寻找解决出路。王国维先生指出:"《汉过》、《吴失》二篇,皆为晋而作。"[3]p140陈

第三章 《抱朴子外篇》成书时间及其要解决的时代课题

沣也指出《汉过》篇的时事意义:"此篇指斥当时之事,托言汉末耳。"[3]p121《抱朴子外篇·崇教》中提到"汉之末世,吴之晚年"。[19]卷4《崇教》,p162 陈沣指出:"不敢言晋朝,托之汉、吴耳。"[19]p163 鲁迅先生在《开给许世瑛的书单》中共列书十二种,第十种是《抱朴子外篇》,鲁迅先生注明"内论及晋末社会状态"。[77]p441 这些都表明了《抱朴子外篇》强烈的现实指向。

动乱的时势迫切需要一个强大的统一皇权来恢复社会政治秩序,而司马睿渡江成为重建皇权的希望所在。晋元帝所以能够君临江南,是由于晋朝已是汉族政权的象征,南北士族皆可接受。田余庆先生在其《东晋门阀政治》中对司马睿所以能够立国江左的政治背景分析比较清楚:"八王之乱后期,江南士族名士深知洛阳政权已难维持,亟需一个像孙策兄弟那样的人物来号令江东,保障他们家族的利益。他们起先拥护陈敏。从陈敏兴败之中,南士则准备接受从北方来的司马睿。"[45]p21 在陈敏之乱中葛洪没有与陈敏合作,其后葛洪接受了晋元帝的任用加入百六掾统治集团,从中可以看出葛洪的政治立场是支持晋元帝的。《抱朴子外篇》中反复强调要尊君,为新兴政权出谋划策,反映了南北合作的一面。《晋书》载元帝刚过江时刘琨对时局的认识:

> 属二都倾覆,社稷绝祀,元帝初镇江左,琨诚系王室,谓峤曰:"昔班彪识刘氏之复兴,马援知汉光之可辅。今晋祚虽衰,天命未改。"[1]卷67《温峤传》,p1785

西晋虽然倾覆,但司马睿在江左践阼代表了晋祚仍存,这也是当时南北士族的普遍看法。王德华先生在《东晋文学的主题变迁与地域分布》一文中指出,司马睿镇守建邺,出现了一种"东朝济济,远近属心"的局面,反映在文学上便是"中兴"题材作品的大量出现。[78]p110 郭璞有《江赋》、《南郊赋》,王廙有《中兴赋》、《白兔赋》,庾阐有《扬都赋》,都反映了对新兴东晋政权的拥戴。葛洪的《抱朴子外篇》中也说

"今天下向平,中兴有征",[3]卷27《刺骄》,p36 所谓的"中兴有征",正是指的晋元帝践阼初期的景象,《晋书·元帝纪》载:

> 元皇帝讳睿,……永嘉初,用王导计,始镇建邺,以顾荣为军司马,贺循为参佐,王敦、王导、周𫖮、刁协并为腹心股肱,宾礼名贤,存问风俗,江东归心焉。……于时有玉册见于临安,白玉麒麟神玺出于江宁,其文曰"长寿万年",日有重晕,皆以为中兴之象焉。[1]卷6《元帝纪》,p143

葛洪肯定晋元帝践阼"中兴有征",表示他对东晋政权的支持态度。《逸民》篇说:"明明在上,总御八纮。"[19]卷2《逸民》,p64 杨明照先生指出:"明明在上,指东晋元帝。"[19]卷2《逸民》,p64 葛洪《自叙》中说自己有"军书、檄移、章表、笺记三十卷",[3]卷50《自叙》,p698 既然有章表,说明确实曾经参与了朝廷政事。

陈金凤先生在《江东士族与西晋政权合作论》中指出:"西晋平吴后,由于西晋政府采取了宽容江东士族的政策、措施,江东士族一开始即走上了同西晋政权合作之路,使西晋政权能比较迅速地稳定江东。其后,江东士族为了个人和家族的利益,到洛阳积极寻求政治机遇,展开了南北士族的合作过程。合作中充满矛盾与曲折,对江东士族本身没有带来更多的政治利益。但双方合作的最终意义却直接反映到江东士族在西晋末年维持江东的稳定与支持司马睿立国江东。总体而言,江东士族与西晋政权的合作是成功的、有益的。"[79]p160 《抱朴子外篇》中的政治思想很大一部分即反映了这种合作过程。

《抱朴子外篇》的政治思想以构建皇权为中心,希望通过皇权的重建来恢复整个社会政治秩序。在传统政权结构中,君主是制定礼乐实行礼治、实施赏罚的最高主体,所以治国之道实际上是为君之道。王权与国家政权几乎是同义词,重整社会政治秩序的核心也就是加强皇权的问题。葛洪认为君主权势的消弱是国家危亡的根源:"主威夺则危亡之端渐矣。"[19]卷20《名实》,p496 张大君权问题比恢复中原更为迫切和关键。葛洪身为南人,西晋覆亡也不是切肤之痛,所以

《抱朴子外篇》见不到主张北伐的言论。《抱朴子外篇》一方面表明了支持晋元帝的立场,另一方面也根据时势所需,提出了切实解决问题的主要途径和基本思路,即法家路线的治国措施。《抱朴子外篇》援用法家思想较多。葛洪指出动乱时代急需法家手段:"今海内瓜分,英雄力竞,象恭滔天,猾夏放命。……纯儒释皇道而治五霸之术。"[3]卷36《安贫》,p206

法家思想对于加强皇权最为有力。葛洪支持晋元帝的法家路线,除了时势动乱因素外,也与门阀专政造成的主弱臣强局面相关。田余庆先生在《东晋门阀政治》中指出严格意义上的门阀政治只存在于东晋,[45]p353但门阀势力坐大是魏晋以来的总体趋势。赵翼在《廿二史劄记》卷8"南朝多以寒人掌机要"条中指出:"魏正始、晋永熙以来,皆大臣当国。……晋主虽有南面之尊,无统御之实,宰辅执政,权在臣下,遂成习俗。"[65]p136王亚南先生也认为:"大约从汉末历魏晋南北朝至唐之初叶,中国典型的专制官僚统治,发生了种种变态,照应着当时封建局面的离心化,官僚贵族化的色彩愈变愈加浓厚了。古代初期封建制度下的世卿世禄在名义上虽不曾恢复过来,而其代替物的门阀,却正好是这个时期的产物。"[80]p82这和阎步克先生在《品位与职位》中的分析也是一致的,即君权越来越弱,而官僚士族权力和特权不断膨胀。葛洪一生正经历了门阀士族形成并开始走向鼎盛的时期。神州陆沉,晋元帝来临江左,强臣跋扈。晋元帝企图实行以法御下的政策来改变局面,这种政策不可能通过"不存小察,弘以大纲"的王导贯彻下去。[1]卷79《谢安传》,p2074赵翼在《廿二史劄记》卷7"王导陶侃二传褒贬失当"条中指出:"渡江之初,王氏兄弟布列中外,其势甚大,当时有'王与马,共天下'之谣。"[65]p122晋元帝张大君权的做法受到南北门阀士族的强烈反对。晋元帝偏信刁、刘,疏外王氏。大业未济,内难已兴。王敦之乱,内有王导的支持,外有沈充、周札等江南大族的支持;王导和王敦一样主张清除刁协、刘隗。"导虽不欲敦移国祚,而欲敦诛刁、刘等,则其肝膈本怀。敦初次起兵,专欲除刁、刘、戴数人,正与导意相合。"[65]p122唐长孺先生也指出:"元帝与王氏的矛盾,在政策上是'以法御下'和'务在清净'的对立。"[36]p156《抱朴子外篇》中突出的法家倾向,表明了支持晋元帝以法御下、加强皇权的立场。中国传统政治批判往往有突出的"尊君—罪君"模式,[81]p420而《抱朴子外篇》政治批判突出尊君而很少罪君,他重点批判的是门阀势力垄断政权:"柄去帝室,政在奸臣。"[19]卷15《审举》,p382

葛洪在《抱朴子外篇》中抨击玄学放达以及在《诘鲍》中集中批判无君论,就是葛洪重建和加强皇权立场的一个表现。唐长孺先生指出:"魏晋玄学家抬出道家来有两种意义:一是重新发挥老子无为而治的主张,指导怎样做一个最高统治者,这种政治主张随着门阀的发展与巩固,实质上是要削弱君权,放任大族享受其特权。"[5]p310葛洪深恶痛绝玄学清谈不仅仅是认为玄学背叛礼教,关键是玄学无为以致无君论调与葛洪强化君主权威的思想势不两立。

重建皇权需要打破门阀垄断、不拘门第和资历擢拔大量人才。门阀势力一方面威胁皇权,另一方面对仕途的垄断也损害了中等士族和普通士人的利益,《抱朴子外篇》中《汉过》篇和《吴失》篇认为汉之过、吴之失在于"失人"一条,即与此有关。所以对人才问题的探讨成为《抱朴子外篇》政治思想的一个基本内容,最终目的也是重建和加强皇权。

(二)追求个人自由与承担政治责任

如何在强大皇权之下保持个人的自由独立,是《抱朴子外篇》要解决的另一个中心问题。

葛洪所处世局,普通士人从政不易,仕途吉凶难料。两晋之际形成北来势力驾驭吴人局面,也造成了南人入仕不畅。《晋书·周𫖮传》载:"时中国亡官失守之士避乱来者,多居显位,驾御吴人,吴人颇怨。"[1]卷58《周𫖮传》,p1574林校生先生在《司马睿幕府之构成特征简释》一文中指出:"司马睿大量辟引扬州士人入幕,主要是为了巩固江

第三章 《抱朴子外篇》成书时间及其要解决的时代课题

左政权的基础,而这个政权最上端对于吴士的开放却非常有限。……东晋朝廷一直是个由侨寓玄学名士高门(包括皇族)把持国家主要职位的政权。"[82]p137《抱朴子外篇》中的《接疏》篇专门论述要给予有才能的士人足够高的职位,针对的就是门阀垄断高层职位的现实。

东晋初年经历王敦、苏峻叛乱,晋元帝以法御下政策失败,门阀势力更为顽固,现实政治的发展趋向与葛洪伸张皇权的期望背道而驰。个人生命和自由在凶险的现实政治中面临极大危险,《抱朴子外篇》以《嘉遁》和《逸民》冠篇,道家隐逸贵生思想开始占据上风。陈沣曰:"抱朴之隐遁,所以避害。故此篇首述其旨。"[19]卷1《嘉遁》,p1《抱朴子外篇》中数数表达了不愿沦为政治工具而追求自由的思想:

> 栖鸾戢鹥,虽饥渴而不愿笼委于庖人之室;乘黄、天鹿,虽幽饥而不乐秣于濯龙之厩。[3]卷38《博喻》,p300

> 彉弩危机,严镞衔弦,至可忌也,而勇雄触之而不猜。闇政乱邦,恶直妬能,甚难测也,而贪人竞之而不避。故飞锋暴集而不觉,祸败奄及而不振。是以愚夫之所悦,乃达者之所悲也;凡才之所趋,乃大智之所去也。[3]卷39《广譬》,p371

葛洪同时代其他积极入仕的名士的悲惨下场,应当对葛洪的立身选择也产生一定的影响。《晋书·陆机传》载陆机干进不止而招致杀身之祸,"时中国多难,顾荣、戴若思等咸劝机还吴,机负其才望,而志匡世难,故不从"。最终结果:"卒令覆宗绝祀,良可悲夫!"[1]卷54《陆机传》,p1481《世说新语·尤悔》注引干宝《晋纪》曰:"机、云见害,三族无遗。"[43]p897对二陆才华崇拜得五体投地的葛洪,思想上多少会有震动。《世说新语·识鉴》亦载:

> 张季鹰辟齐王东曹掾,在洛见秋风起,因思吴中菰菜羹、鲈鱼脍,曰:"人生贵得适意尔,何能羁宦数千里以要名爵!"遂命驾便归。俄而齐王败,时人皆谓为见机。[43]p393

文廷式《纯常子枝语》卷5高度评价张季鹰这种急流勇退、明哲保身的做法：

> 季鹰真可谓明智矣。当乱世，唯名为大忌。既有四海之名而不知退，则虽善于防虑，亦无益也。季鹰、彦先皆吴之大族。彦先知退，仅而获免。季鹰则鸿飞冥冥，岂世所能测其浅深哉？陆氏兄弟不知此义，而干没不已，其沦胥以丧，非不幸也！[43]p393

乱世从政凶险。《晋书》卷68《顾荣传》载顾荣在齐王司马冏幕下的惧祸自危心态：

> 齐王冏召为大司马主簿。冏擅权骄恣，荣惧及祸，终日昏酣，不综府事。……与州里杨彦明书曰："吾为齐王主簿，恒虑祸及，见刀与绳，每欲自杀，但人不知耳。"[1]卷68《顾荣传》，p1812

葛洪的避祸心理反映了南人的普遍心态。葛洪隐居罗浮山，也是传统隐逸的一种表现。

葛洪一生多次退隐，拒绝出仕，"望绝于荣华之途，而志安乎穷否之域"。[26]《抱朴子内篇序》p367 从葛洪《抱朴子外篇》中列举的隐逸人物特征看，都是士人："今先生操立断之锋，掩炳蔚之文，玩图籍于绝迹之薮，括藻丽乎鸟兽之群，陈龙章于晦夜，沈琳琅于重渊。"[19]卷1《嘉遁》，p7 本来就没有入仕资格的农、工、商自然不存在为躲避入仕争取隐逸自由的问题。但是士人是国家机器运转的基本主体，士人必须要承担为国家政权服务的责任。如果士人追求隐逸不仕和完全自由独立，国家机器会面临无法运转的危险。因此葛洪虽然追求隐逸，但是强调隐士必须通过立言和立德来承担自身的政治责任，选择归隐著述的方式实现出处同归。

葛洪的隐逸思想与玄学放达的不同之处在于，同样是追求自由独立，但是隐士还必须承担政治责任。《抱朴子外篇》中《疾谬》、《讥惑》、《刺骄》几篇，专门对任诞之风进行批判，但葛洪并不完全否定早期玄学的自然通达和排斥名教虚伪，只是批评后来者是东施效颦，背叛礼教：

> 世人闻戴叔鸾、阮嗣宗傲俗自放,见谓大度。而不量其材力,非傲生之匹,而慕学之。[3]卷27《刺骄》,p29
>
> 世人无戴、阮之自然,而効其倨慢,亦是丑女暗于自量之类也。[3]卷27《刺骄》,p33
>
> 背礼叛教,托云率任,才不逸伦,强为放达。[19]卷25《疾谬》,p619

从以上批评可以看出葛洪对逸伦之士的自然通达并不全盘否定。东晋戴逵也指出元康名士们的放达属于东施效颦:

> 若元康之人,可谓好遁迹而不求其本,故有捐本徇末之弊,舍实逐声之行,是犹美西施而学其颦眉,慕有道而折其巾角,所以为慕者,非其所以为美,徒贵貌似而已矣。夫紫之乱朱,以其似朱也。故乡原似中和,所以乱德;放者似达,所以乱道。然竹林之为放,有疾而为颦者也,元康之为放,无德而折巾者也,可无察乎![1]卷94《戴逵传》,p2457

葛洪追求隐逸与玄学的人性自然同样肯定士人的自由独立价值,都厌恶名教虚伪。葛洪批判玄学放达是因为放达者大部分身居官位,游戏放纵,不勤所职,影响了政务的健康运作:

> 夙兴夜寐,退食自公,忧劳损益,毕力为政者,谓之小器俗吏。[3]卷33《汉过》,p132
>
> 处官不亲所司,谓之雅远;奉身散其廉操,谓之旷达。故砥砺之风,弥以陵迟。放者因斯,或悖吉凶之礼,而忽容止之表,渎弃长幼之序,混漫贵贱之级。其甚者至于裸裎,言笑忘宜,以不惜为弘,士行又亏矣。[1]卷35《裴頠传》,p1045

而且在位者的放达行为有恶劣的示范效应:"钩曲之形,无绳直之影;参差之上,无整齐之下。"[3]卷39《广譬》,p327"于是驰逐之庸民,偶俗之近人,慕之者犹宵虫之赴明烛,学之者犹轻毛之应飙风。"[19]卷24《疾谬》,p601个人的自由放荡影响了国家机器的正常运转,这是葛洪所不能容忍的。

葛洪一再强调知识分子要有独立人格，"岳峙独立"，[19]卷16《交际》,p423"独立不群"，[3]卷36《安贫》,p198一生追求隐逸，同时要求隐士承担立德励俗、立言助教的政治责任，强调个人自由和政治责任要兼顾，这是《抱朴子外篇》呼应玄学的名教与自然时代课题的一个反映。

三、葛洪的治学特征

《抱朴子外篇》解决以上时代课题的方式比较现实和独特。葛洪的著作包括《抱朴子外篇》在内往往驳而不纯，他的治学特征有明显的黄老倾向。

东汉时期的王充思想上明显受到黄老之学的影响。王充自称"违儒家之说，合黄老之义"。[83]卷18《自然》,p785陆侃如先生指出："在葛洪的先行者中，他和王充的继承关系比较密切。"[84]p16台湾学者蓝秀隆先生也指出，葛洪受王充思想之影响可谓甚巨。[85]p12《四部正伪》指出："其《外篇》盖拟王氏《论衡》。"[3]p782葛洪在一些问题上与王充也不尽相同，例如王充批驳方仙道、认为日月不圆，等等，这些看法都不为葛洪接受；但总体上葛洪模仿学习王充甚多。葛洪在《抱朴子外篇》卷43《喻蔽》中，专门称赞王充兼综百家的学风并为之辩护，推崇王充为"冠伦大才"、[3]卷43《喻蔽》,p423"学博才大"；[3]卷43《喻蔽》,p428另外《抱朴子外篇》全书其他各处引用《论衡》的地方很多。日本大渊忍尔先生研究指出：《抱朴子外篇》和《论衡》不论文章结构、篇目、文字多所承袭，如《自纪》之与《自叙》，《齐世》之与《钧世》，《对作》之与《应嘲》，《问孔》、《非韩》、《刺孟》之与《正郭》、《弹祢》、《诘鲍》，王充的《疾虚妄》，葛洪则以《疾谬》、《讥惑》、《刺骄》等相应。[86]

袁山松《后汉书》载王充作《论衡》，中土未有传者。蔡邕入吴，始见之，以为谈助。这一传奇色彩的故事，现在首见记载即出自葛洪：

> 王充所作《论衡》，北方都未有得之者。蔡伯喈尝到江东，见

之,叹为高文,度越诸子,恒爱玩而独秘之。及还中国,诸儒觉其谈论更远,嫌得异书,搜求其帐中,至隐处果得《论衡》,捉取数卷将去,伯喈曰:"唯与尔共之,勿广也。"[3]《抱朴子外篇佚文》,p748

葛洪对此津津乐道并称引和模仿王充,深层的心理原因可能出于南士文化落后感的反弹。葛洪身处江东,文化不如洛中发达,他承认"上国众事,所以胜江表者多",[3]卷26《讥惑》,p12他之所以和王充一样积极入洛游学,也是为了补充学识的不足。会稽上虞的"冠伦大才"王充,距离葛洪家乡不远,是葛洪引以为自豪的"未谢上国"的"德行才学之高者",[19]卷15《审举》,p411葛洪处处进行模仿也就很自然了。

《抱朴子外篇》肯定和继承了《论衡》的黄老学术立场。葛洪在《喻蔽》中针对鲁生批评《论衡》"乍出乍入,或儒或墨"时辩护道:

> 子又讥云:"乍入乍出,或儒或墨。"夫发口为言,著纸为书。书者所以代言,言者所以书事。若用笔不宜杂载,是论议当常守一物。昔诸侯访政,弟子问仁,仲尼答之,人人异辞。盖因事托规,随时所急。譬犹治病之方千百,而针灸之处无常;却寒以温,除热以冷,期于救死存身而已。岂可诣者逐一道,如齐、楚而不改路乎?

> 陶朱、白圭之财不一物者,丰也。云梦、孟诸所生万殊者,旷也。故淮南《鸿烈》始于《原道》、《俶真》,而亦有《兵略》、《主术》。庄周之书,以死生为一,亦有畏牺、慕龟、请粟救饥。若以所言不纯,而弃其文,是治珠瞖而剌眼,疗湿痹而刖足,患蒹葭而刘谷,憎枯枝而伐树也。[3]卷43《喻蔽》,p435

葛洪主张"因事托规,随时所急"的原则,更以祖述黄老的《淮南子》为王充的《论衡》辩护,这表明葛洪思想上受到黄老之学的影响。《法言·君子》:"乍出乍入,淮南也。"李注:"或出经,或入经。"[87]卷12《君子》,p507说明《淮南子》不守一隅的特点。《淮南子·要略》中,刘安自白著述宗旨:"若刘氏之书,观天地之象,通古今之事,权事而立制,度形而施宜,原道德之心,合三王之风,以储与扈冶,玄眇之中，精摇靡览，弃其畛挈，斟其淑静，以统天下，理万物，应变化，通殊类，非循一迹之路，守一隅之指，拘系牵连于物，而不与世推移也。"[88]卷21《要略》,p2151《淮南子》"权事而立制，度形而施宜"的思想特点，正是黄老道家因循随时的精义所在。

葛洪《抱朴子外篇》还受到王符《潜夫论》的影响。王符著《潜夫论》，强调循名责实。《抱朴子外篇》篇目多与《潜夫论》相应。如《赞学》之与《勤学》，《贤难》之与《时难》，《明暗》之与《仁明》，《考绩》之与《审举》，《思贤》之与《贵贤》，《本政》之与《贵贤》、《任能》、《钦士》，《潜叹》之与《擢才》，《浮侈》之与《疾谬》、《讥惑》、《刺骄》，《实贡》之与《备阙》，《三式》之与《百里》，《断讼》之与《弭讼》，《衰制》之与《用刑》，《交际》则二者篇名全同。[86]王充和王符思想上都有黄老倾向，葛洪《抱朴子外篇》形式上刻意模仿《论衡》和《潜夫论》，学术精神上也应当受到他们黄老思想的影响。

这里简要回顾一下黄老之学的来历和特点，以资对照分析葛洪的治学特征。帛书《黄帝四经》的出土，使学界对战国百家争鸣中取得思想界主导地位的黄老学派的发展线索，有一个重新的认识。在帛书《黄帝四经》发表之前，虽然《史记》中司马迁曾一再提到黄老之学，然而学界普遍以为这些说法可能是出于司马谈崇尚道家而以己意立说，直至帛书《黄帝四经》公布，才证实黄老并不只是一个名词，而是实际兴盛于战国中期的学说思潮。"战国百家争鸣，黄老独盛；黄老学说，可说是显学中的显学。"[89]p1司马迁在《史记·老子韩非列传》中说"申子之学本于黄老而主刑名"，说韩非"喜刑名法术之学，而其归本于黄老。"[20]卷63《老子韩非列传》,p2146 在《史记·孟子荀卿列传》中，司马迁指出："慎到，赵人。田骈、接子，齐人。环渊，楚人。皆学黄老道德之术，因发明序其指意。"[20]卷74《孟子荀卿列传》,p2347 司马迁把这些有某些共同思想倾向的学者都归于黄老名下。

司马谈指出道家"采儒墨之善，撮名法之要"，所说的道家与老庄不是一码事。先秦黄老学派的突出特点是以道、法思想为主，融合阴阳、名、儒、墨诸家学说,以因循随时原则构成了一个完整的理论体系。黄老道家在诸子百家合流中起了主导作用。从现存的文献来看,黄老思想奠基于《黄帝四经》,经《管子》四篇、《庄子》外杂篇、《文子》、《鹖冠子》等著作的不断丰富与完善,又经《吕氏春秋》的政纲化改造,《淮南子》、《老子道德经河上公章句》、严遵《老子指归》等又进一步进行了理论总结。黄老之学在汉初的社会政治实践中发挥了重大作用。

《汉书·艺文志》将《吕氏春秋》列入杂家。王晓毅先生指出:"该书不是杂家,而是综合诸子的黄老道家。"[90]p84《抱朴子外篇》和《吕氏春秋》、《淮南子》一样长期列入杂家,实质上都渗透着黄老之学的影响。

司马谈所说的道家和司马迁所说的黄老是异名同实的概念。从汉朝末年开始,人们用黄老指称今天所说的道教,唐代以后,道家、黄老和道教仍然经常混用;严格区分道家和道教乃是今人的界定。葛洪的思想观念中,黄老、道家和道教也有这种混用情况,区分不是非常严格。

葛洪《抱朴子》内外篇中对"黄老"十分尊崇,《内篇》说:

> 得道之圣人,则黄老是也。治世之圣人,则周孔是也。黄帝先治世而后登仙,此是偶有能兼之才者也。[26]卷12《辨问》,p224

> 黄老玄圣,深识独见,开秘文于名山,受仙经于神人。[26]卷6《微旨》,p122

而《外篇》中也说:

> 徒疲劳于述作,岂蝉蜕之有期也?独苦身以为名,乃黄老所嗤也。[3]卷36《安贫》,p209

以上葛洪提及的"黄老"属于神仙化的黄老。葛洪《自叙》中说:"《内篇》言神仙方药、鬼怪变化、养生延年、攘邪却祸之事,属道家。"[3]p698这里的"道家"与老庄不同,也是指的神仙化的黄老。早期黄老之学本来涵盖治身方面的丰富内容,治身养生是黄老的基本要义,这是葛洪得以将黄老之学做宗教化和方术化改造的基本前提。葛洪思想上仍然与早期黄老有相通之处,继承了黄老之学的精神基因。

根据司马谈的《论六家要旨》,黄老道家兼采百家之长,是以因循随时的原则围绕着"道"与治国、治身的问题展开的:

> 道家使人精神专一,动合无形,赡足万物。其为术也,因阴阳之大顺,采儒墨之善,撮名法之要,与时迁移,应物变化,立俗施事,无所不宜,指约而易操,事少而功多。……至於大道之要,去健羡,绌聪明,释此而任术。夫神大用则竭,形大劳则敝。形神骚动,欲与天地长久,非所闻也。
>
> 道家无为,又曰无不为,其实易行,其辞难知。其术以虚无为本,以因循为用。无成埶,无常形,故能究万物之情。不为物先,不为物后,故能为万物主。有法无法,因时为业;有度无度,因物与合。[20]卷130《太史公自叙》,p3288

葛洪在《抱朴子内篇·明本》中完全继承了《论六家要旨》的黄老道家立场:

> 道者,儒之本也;儒者,道之末也。夫以为阴阳之术,众于忌讳,使人拘畏;而儒者博而寡要,劳而少功;墨者俭而难遵,不可遍循;法者严而少恩,伤破仁义。唯道家之教,使人精神专一,动合无形,包儒墨之善,总名法之要,与时迁移,应物变化,指约而易明,事少而功多,务在全大宗之朴,守真正之源者也。而班固以史迁先黄老而后六经,谓迁为谬。夫迁之洽闻,旁综幽隐,沙汰事物之臧否,核实古人之邪正。其评论也,实原本于自然,其褒贬也,皆准的乎至理。[26]卷10《明本》,p184

葛洪努力为司马迁崇尚黄老道家的立场辩护,表明他选择了黄老道家的立场和思维方式。

葛洪治学特征上受到的黄老之学的影响,表现在他的自然主义的道论、身国同治观念、博采百家众长等几个方面,直接影响了《抱朴子外篇》政治思想内容和性质的形成。

（一）自然主义性质的道论

葛洪援用黄老的一个表现是其自然主义性质的"道"论哲学。西汉中期儒家思想取得政治独尊地位，以董仲舒为代表的春秋公羊学强调天人感应，以后儒学逐渐流于谶纬化和神学化。葛洪对谶纬迷信不感兴趣，思想上有人文理性特征。

葛洪在《抱朴子外篇·讥惑》中批评名士们放达不学无术，唐长孺先生认为："葛洪强调这些名士对于学术的无知，总括起来他所列举的可分为三类：一是神仙谶纬之学，二是礼制典章之学，三是阴阳律历之学。这三类学术的结合正是董仲舒以降汉儒治学的特征，也是江南儒生自陆绩、虞翻、贺循以至葛洪自己治学的特征，而是为玄学家所不屑道的。"[5]p364 唐先生根据葛洪批评名士们不懂神仙谶纬、礼制典章、阴阳律历，来反推这些学问就是葛洪自己的治学范围，这是可以商榷的。

葛洪虽然"著述篇章富于班马"，[1]卷72《葛洪传》,p1913 根据王利器先生《葛洪著述考略》所列，葛洪的著作范围和内容，除了神仙学外，谶纬、礼制典章和阴阳律历这几类学问占的比重甚小。[91]p33《晋书·葛洪传》评价他的著作"精辩玄赜，析理入微"。[1]卷72《葛洪传》,p1913 葛洪自己也强调："清音贵于雅韵克谐，著作珍乎判微析理。"[3]卷40《辞义》,p393《抱朴子内篇》和《抱朴子外篇》论证方式上注重理性思辨，自设宾主互相诘难，可能受到玄学析理倾向的影响。

根据葛洪《自叙》，葛洪明言对于谶纬、河洛之学并不热心：

> 其河洛图纬，一视便止，不得留意也。不喜星书及算术、九宫、三棋、太一、飞符之属，了不从焉，由其苦人而少气味也。晚学风角、望气、三元、遁甲、六壬、太一之法，粗知其旨，又不研精。亦计此辈率是为人用之事，同出身情，无急以此自劳役，不如省

子书之有益,遂又废焉。[3]卷50《自叙》,p656

这说明葛洪对汉儒津津乐道的谶纬之学与数术很不上心,阅读和著述"精覈是非"、"析理入微"的子书才是葛洪一生的精力和事业所在。

葛洪在《抱朴子外篇》中并不彻底否认灾异祥瑞:"夫王者德及天,则有天瑞;德及地,则有地应。"[3]卷48《诘鲍》,p570"夫祥瑞之征,指发玄极:或以表革命之符,或以彰至治之盛。"[3]卷48《诘鲍》,p523但这些内容只是连笔带过,葛洪更没有将祥瑞灾异作为政治批判的依据。葛洪的兵家思想中有星占学成分,另《隋书·经籍志》三《子部·五行类》著录署为葛洪撰之遁甲书凡五种。[17]卷34《经籍志》,p1030总体来看这类内容很少,只是葛洪所说的"粗知其旨,又不研精"的状况。[3]卷50《自叙》,p656

葛洪之所以对"河洛图纬,一视便止,不得留意也。不喜星书及算术、九宫、三棋、太一、飞符之属,了不从焉",[3]卷50《自叙》,p656甚至认为"天道邈远,鬼神难明",[26]卷6《微旨》,p125反对祭祷鬼神,与他认同天道自然无为及自然主义的道论有密切关系,而这也是受黄老之学影响的一个表现。胡孚琛先生指出:"葛洪《内篇》中自发的朴素唯物论倾向,突出地表现在他对汉代王充天道自然观的继承上。"[27]p188葛洪的天道自然无为观念比较明显:"天道无为,任物自然,无亲无疏,无彼无此也。"[26]卷7《塞难》,p136他认为天和万物相比只是大小的区别,否认天生万物:

> 浑茫剖判,清浊以陈,或升而动,或降而静,彼天地犹不知所以然也。万物感气,并亦自然,与彼天地,各为一物,但成有先后,体有巨细耳。有天地之大,故觉万物之小。有万物之小,故觉天地之大。且夫腹背虽包围五脏,而五脏非腹背之所作也。肌肤虽缠裹血气,而血气非肌肤之所造也。天地虽含囊万物,而万物非天地之所为也。譬犹草木之因山林以萌秀,而山林非有事焉。鱼鳖之托水泽以产育,而水泽非有为

第三章 《抱朴子外篇》成书时间及其要解决的时代课题

焉。[26]卷7《塞难》,p136

这种思想和王充的天道自然观相承接。王充说:

> 夫天覆于上,地偃于下;下气蒸上,上气降下,万物自生其中间矣。当其生也,天不须复与也,由子在母怀中,父不能知也。物自生,子自成,天地父母,何与知哉!及其生也,人道有教训之义。天道无为,听恣其性。[83]卷18《自然》,p782

王充的天道无为和元气自然论,在魏晋时期曾经引起嵇康和郭象等人的注意。葛洪继承了王充的这种朴素唯物主义思想。

再来分析葛洪的神仙学特点。葛洪的神仙信仰有明显的自然主义理性色彩。葛洪认为人之所以能成神仙,是自然万物变化的结果,一些事物变化后能够长久:

> 变化者,乃天地之自然。[26]卷16《黄白》,p284

> 泥壤易消者也,而陶之为瓦,则与二仪齐其久焉。柞柳速朽者也,而燔之为炭,则可亿载而不败焉。[26]卷5《至理》,p112

所以要想长生不死,关键是学习掌握事物自身这种变化规律:

> 古之仙人者,皆由学以得之。[26]卷13《极言》,p239

> 人有明哲,能修彭老之道,则可与之同功矣。[26]卷3《对俗》,p46

学习这种规律,具体来讲就是掌握烧炼金丹大药的技术,而不在于祭祀鬼神:

> 长生之道,不在祭祀事鬼神也。[26]卷4《金丹》,p77

> 管见之属,谓仙法当具在于纷若之书,及于祭祀拜伏之间而已矣。夫长生制在大药耳,非祠醮之所得也。昔秦汉二代,大兴祈祷,所祭太乙五神,陈宝八神之属,动用牛羊谷帛,钱费亿万,了无所益。[26]卷14《勤求》,p256

葛洪"兼综练医术",[1]卷72《葛洪传》,p1911 著有《肘后方》等大量医药著作,因此葛洪强调金丹大药的思想可能部分来源于他的医药实践和观察。在葛洪那里,长生不死成了一种通过主观学习可以获得的烧炼金丹的技术。人服食金丹能够成仙在于金丹大药的药理作用而非外在的神灵佑助：

> 夫金丹之为物，烧之愈久，变化愈妙。黄金入火，百炼不消，埋之，毕天不朽。服此二药，炼人身体，故能令人不老不死。此盖假求于外物以自坚固，有如脂之养火而不灭，铜青涂脚，入水不腐，此是借铜之劲以杆其肉也。金丹入身中，沾洽荣卫，非但铜青之外傅矣。[26]卷4《金丹》，p71

正是因为葛洪从纯粹的物质属性角度看待金丹大药，所以他贬低各种草木药物的功能：

> 凡草木烧之即烬，而丹砂烧之成水银，积变又还成丹砂，其去凡草木亦远矣。故能令人长生。[26]卷4《金丹》，p72

> 世人不合神丹，反信草木之药。草木之药，埋之即腐，煮之即烂，烧之即焦，不能自生，何能生人乎？[26]卷4《金丹》，p74

正因为葛洪把长生不死的希望放在金丹大药的烧炼技术上，所以他对祭祷鬼神不感兴趣并极力抨击。

在面对疾病的问题上，葛洪也否定疾病是由于鬼神作祟导致，因此祭祷治病非常荒诞，应当信用医药：

> 祭祷之事无益也，当恃我之不可侵也，无恃鬼神之不侵我也。[26]卷9《道意》，p177

> 俗人犹谓不然也，宁煞生请福，分蓍问祟，不肯信良医之攻病，反用巫史之纷若。[26]卷5《至理》，p113

正是因为葛洪的这种自然主义理性态度，使得他在医药和化学领域做出重要贡献，在中国科技史上占据重要地位。

葛洪的黄老自然主义理性特点体现在《抱朴子外篇》政治思想上，就是在探讨政治变化的原因时，注重人事作用。中国政治思想史的人文主义发展路向在商周之际已经确定。汉代儒学谶纬化和神学化导致迷信盛行，东汉末年和三国时期又形成注重人事的风气。诸葛亮论曹操"遂能克绍，以弱为强"的时候说"非惟天时，抑亦人谋也"。[39]卷35《诸葛亮传》,p912 曹操自云"性不信天命之事"。[39]卷1《武帝纪》,p33 葛洪的政治思想没有太多道德色彩,探讨政治兴亡的原因没有归结为天命,而是在于人事。如"殃祸之集,匪降自天也",[19]卷6《臣节》,p267 "有吴失国,匪降自天",[3]卷34《吴失》,p170 等等。

葛洪思想上的这种理性特点,使得他看问题比较辩证全面。例如他对全盘肯定尧和全盘否定桀提出异议:"能言莫不褒尧,而尧政不必皆得也;举世莫不贬桀,而桀事不必尽失也。"[3]卷38《博喻》,p265 他主张独立思考和判断,不要人云亦云:"世有雷同之誉,而未必贤也;俗有欢哗之毁,而未必恶也。是以迎而许之者,未若鉴其事而试其用;逆而距之者,未若听其言而课其实。"[3]卷39《广譬》,p346

葛洪虽信奉神仙道教,却针砭世俗的迷信和祭祷;虽推崇儒教,却认为仁不如明,又批评礼仪的繁琐;虽大量援用法家法术,却批判法家对待隐士的摧残政策,表现出辩证冷静的特点,这与葛洪内在的黄老理性精神有关。

(二) 身国同治

黄老之学的一个基本传统是以治身为内,以治国为外。葛洪思想上受到黄老这种治国治身并重传统的影响。儒家讲修身、齐家、治国、平天下,与黄老道家的治国治身思想有类似之处,但儒家更侧重政治一面,与黄老道家的身国同治、治国治身并重有所不同。《老子·第十三章》中将身国比拟为功能相似的系统:"贵以身为天下,若可寄天下;爱以身为天下,若可托天下。"[55]p109 因此黄老道家认为,"治国"的实质是对"治身"的模拟。《管子·心术上》中说:

> 心之在体,君之位也。九窍之有职,官之分也。心处其道,九窍循理。嗜欲充益,目不见色,耳不闻声。故曰:上离其道,下失其事。毋代马走,使尽其力;毋代鸟飞,使獘其羽翼;毋先物动,以观其则。动则失位,静乃自得。[92]卷13《心术上》,p759

养生之道与为政之术通而为一。《吕氏春秋》更深化了"国身同道"的理念,如"成其身而天下成,治其身而天下治",[93]卷3《季春纪》三《先己》,p311 认为治身与治国是"异位同本"。[93]卷17《审分览》八《执一》,p2102《淮南子》作为汉初黄老之学的代表作,也是治国内容与治身内容并重,"又有《中篇》八卷,言神仙黄白之术,亦二十余万言"。[53]卷44《淮南衡山济北王传》,p2145《诠言训》中把治身当作治国的前提:"未尝闻身治而国乱者也,未尝闻身乱而国治者也。"[88]卷14《诠言训》,p1474《老子道德经河上公章句》也说:"国身同也。"[94]p231 东汉《太平经》从元气说出发,主张治身的法则可以作为治国的宝器:"是故贤圣明者,但学其身,不学他人,深思道意,故能太平也。"[95]p12 这也是黄老之学的延续。

葛洪《抱朴子》分内篇、外篇,以讲养生求仙的部分为内篇,以讲政治治国的部分为外篇,治国治身并重,合乎黄老之学的精神。其实葛洪治国治身并重的黄老精神并没有简单地因为《抱朴子》分为内篇治身、外篇治国而界限分明。《抱朴子内篇》的治身内容中也有治国内容:强调修仙要遵循伦理道德,特别是主张国家要坚决取缔和镇压影响社会政治稳定的民间淫祀和邪教。《抱朴子外篇》的治国内容中也有治身内容:用大量篇幅论述隐逸立言的价值,强调士人承担政治责任与明哲保身、实现个人价值兼顾。葛洪的治国治身并重思想在《抱朴子内篇》和《抱朴子外篇》中是你中有我、我中有你,如同生物体的一个细胞就承载了全部的基因信息一样。

葛洪将身国相拟,认为治身与治国相通:

夫道者,内以治身,外以为国。[26]卷10《明本》,p185

故一人之身,一国之象也。胸腹之位,犹宫室也。四肢之列,犹郊境也。骨节之分,犹百官也。神犹君也,血犹臣也,气犹民也。故知治身,则能治国也。[26]卷18《地真》,p326

葛洪形象地将人之身体机能同国家组织运作相互比拟,强调治身与治国的同一性,明显是受了黄老之学的影响。

葛洪追求的是治国治身兼顾理想,这正是黄老之学的精义所在。

葛洪心目中的理想人格是黄帝:"黄帝先治世而后登仙,此是偶有能兼之才者也。"[26]卷12《辨问》,p224 黄帝完全符合治国治身的标准。葛洪的治国治身兼顾的价值观念,在《抱朴子内篇》中体现为兼顾修仙之道和治国之术:

> 长才者兼而修之,何难之有? 内宝养生之道,外则和光于世,治身而身长修,治国而国太平。以六经训俗士,以方术授知音,欲少留则且止而佐时,欲升腾则凌霄而轻举者,上士也。[26]卷8《释滞》,p148

在《抱朴子外篇》中,除了大量的关于治国内容的探讨外,围绕隐逸话题,葛洪强调隐士在明哲保身、追求个人价值的同时,必须通过立言立德承担政治责任,这同样是黄老之学治国治身兼顾价值观念的体现。

(三) 博采百家众长

葛洪尊崇的黄老之"道",涵盖治国与治身两方面的内容,从而为其接纳百家之学做了理论铺垫。有容乃大是道家各派的共同特点,"因阴阳之大顺,采儒墨之善,撮名法之要",是黄老道家融汇和博采百家众长的实际体现。《淮南子》就主张兼综百家:"故百家之言,指凑相反,其合道一也。譬若丝竹金石之会乐同也,其曲家异而不失于体。"许抗生先生注意到葛洪"论百家之言不可废"的思想。[96]p380 《抱朴子外篇》卷44《百家》篇专门论述吸收诸子百家的重要性:

> 百家之言,虽不皆清翰锐藻,弘丽汪濊,然悉才士所寄心,一夫澄思也。正经为道义之渊海,子书为增深之川流。仰而比之,则景星之佐三辰;俯而方之,则林薄之裨嵩岳。[3]卷44《百家》,p441

诸子百家都有一定的实用价值,不能舍弃:

> 先民叹息于才难,故谓百世为随踵。不以璞不生板桐之岭,而捐曜夜之宝;不以书不出周、孔之门,而废助教之言。犹彼操水者,器虽异而救火同焉;譬若针灸者,术虽殊而攻疾均

焉。[3]卷44《百家》,p443

葛洪赞扬子书的广度、深度及其变通灵活方面的优点:"子书披引玄旷,眇邈泓窈。总不测之源,扬无遗之流。变化不系于规矩之方圆,旁通不沦于违正之邪径。"[3]卷44《百家》,p442葛洪对待诸子百家的开放立场,正是黄老学广纳百川的气度。

葛洪主张博采百家众长,而兼综和糅合百家的主体是黄老之道:

> 道也者,所以陶冶百氏,范铸二仪,胞胎万类,酝酿彝伦者也。[26]卷10《明本》,p185

> 夫道者,……此所以为百家之君长,仁义之祖宗也。[26]卷10《明本》,p188

葛洪博采百家众长的黄老精神体现在长生求仙方面,就是主张"藉众术之共成长生",他认为:"凡养生者,欲令多闻而体要,博见而善择,偏修一事,不足必赖也。"要兼收并蓄:"大而谕之,犹世主之治国焉,文武礼律,无一不可也。小而谕之,犹工匠之为车焉,辕辋轴辖,莫或应亏也。"[26]卷6《微旨》,p124

葛洪批评当时信道者偏执一术的做法:

> 又患好事之徒,各仗其所长。知玄素之术者,则曰唯房中之术,可以度世矣;明吐纳之道者,则曰唯行气可以延年矣;知屈伸之法者,则曰唯导引可以难老矣;知草木之方者,则曰唯药饵可以无穷矣;学道之不成就,由乎偏枯之若此也。[26]卷6《微旨》,p124

葛洪虽然笃信金丹大药的功能,但同时吸收各家方术之长。晁天义先生在《文化新综合的一个案例——〈抱朴子〉巫术溯源》中指出,《抱朴子内篇》中的巫术综合杂糅了各种文化因素。[97]p3

葛洪博采百家众长的黄老精神,体现在《抱朴子外篇》政治思想的构建上,就是积极吸收儒、法、墨、道等内容为解决现实问题服务。这在以下各章会逐步展开论述。

黄老之学有海纳百川的气度和因循随时的精神,因此在不同的时代环境下为适应现实需要,黄老之学所侧重发挥的特色有所不同。

第三章 《抱朴子外篇》成书时间及其要解决的时代课题

战国时代稷下黄老道家主要与法家结合,《黄帝四经·道法》中讲:"道生法。"[89]《经法·道法》,p2《管子·心术》中引作:"法出乎权,权出乎道。"[92]卷13《心术上》,p770汉初黄老之学多与儒家思想结合。在汉魏之际黄老之学又与名法思想结合。王晓毅先生在《儒释道与魏晋玄学形成》中指出:在建安战乱时期的特殊环境中,"黄老名法"一度成为曹魏意识形态的主流。[98]p3

葛洪提倡吸收诸子百家营养,根据两晋之际的时代需要,也是有重点、有选择地吸收诸子内容。唐长孺先生在《魏晋玄学之形成及其发展》中指出:"魏晋时期有不少人从事先秦诸子的研究,……他们的态度是积极的,因为他们所想解决的问题是有关统治阶级利益的问题。在先秦诸子的学说中获得重视的首先是法家和名家。"[5]p300葛洪思想上注重实用而绝非迂阔,《抱朴子外篇》突出的是黄老之学与儒、法、道、墨等的结合,同时又对儒家、法家和道家的内容进行了扬弃和改造,这本身就是黄老之学"与时迁徙,应物变化"因循随时精神的一个体现。

葛洪的治学特征,黄老之学占据了主导地位。

第四章

因循随时的政治理念

章太炎先生指出:"历来承平之世,儒家之术,足以守成;戡乱之时,即须道家,以儒家权谋不足也。凡戡乱之傅佐,如越之范蠡,汉初之张良、陈平,唐肃宗时之李泌,皆有得于老子之道。盖拨乱反正非用权谋不可,老子之真实本领在此。"[71]p314 章太炎先生列举的这些运用权谋戡乱的人物,他们所援用的老子之道准确来讲是黄老之道。黄老道家倡导"虚无为本,因循为用",变化多端,故而最易演为权谋。黄老道家之所以能够指导政治实践,其根本利器就是因循随时的政治理念。王晓毅先生分析了黄老派和老庄派无为因循的本质不同:

> 从表现上看,黄老派与老庄派都强调以无为顺应自然的"因循"原则,但是其目的有异:老庄派是以恢复事物的自然本性为终极目的,而黄老派则是利用事物的自然本性为我所用。正是这一根本性变化,道家从哲学家的书本上走出来,变成了政治家手中可操作的治国武器。从西汉初期黄老之治中大显身手的窦太后、曹参、陈平,到汉魏之际以刑名法术拨乱反正的曹操、诸葛亮,无不是运用这个武器而名垂史册。[90]p49

因循随时是黄老政治哲学的最高原则。黄老之学集大成之作《吕氏春秋·贵因》中对"因"的无所不能的功用做了全面总结:

三代所宝莫如因，因则无敌。禹通三江五湖，决伊阙，沟回陆，注之东海，因水之力也。舜一徙成邑，再徙成都，三徙成国，而尧授之禅位，因人之心也。汤、武以千乘制夏、商，因民之欲也。如秦者立而至，有车也；适越者坐而至，有舟也。秦、越，远途也，竫立安坐而至者，因其械也。……夫审天者，察列星而知四时，因也；推历者，视月行而知晦朔，因也；禹之裸国，裸入衣出，因也；墨子见荆王，锦衣吹笙，因也；孔子道弥子瑕见厘夫人，因也；汤、武遭乱世，临苦民，扬其义，成其功，因也。故因则功，专则拙。因者无敌。[93]

以上所罗列的因循对象包括自然物理、民心向背、人欲本性、社会风俗，等等，强调因地制宜、因时制宜、因人制宜。运用因循随时的理念可以无所不能为我所用。

《抱朴子外篇》政治思想上贯穿着黄老因循随时的基本理念，包括主张君主无为因循臣民，根据两晋之际的丧乱现实简化礼制、实施重刑主义，因循人性自利改变儒学不振状况，等等。

一、君主因循臣民

《抱朴子外篇》政治思想中吸收了黄老道家君主无为和因循臣民的思想："垂拱而任贤，高枕以责成。"[19]卷5《君道》,p232 君主要善于凭借臣下及民众的智慧、才能和力量以圆满完成治国平天下的大业。

《老子》第五十七章中强调："我无为，而民自化；我好静，而民自正；我无事，而民自富；我无欲，而民自朴。"[55]p284 蕴涵着因循臣民自治的内容。王新春先生在《哲学视域中黄老道家的理政之术》中指出，黄老道家政治哲学最重要的是"无为贵因"。[99]p49 贵因是实现无为的手段。《管子·心术上》中说："无为之道，因也。"[92]卷13《心术上》,p771 君主无为就是因循任用臣下而君主责成。例如《文子·自然》中说："因循任下，责成而不劳。"[100]卷8《自然》,p322《淮南子·主术》中说法相同:"因循而任下,责成而不劳。"[88]卷9《主术》,p889 葛洪强调君主的主要职责就是善于因循臣下：

> 劳于求人,逸于用能,上自槐棘,降逮皂隶,论道经国,莫不任职。恭己无为,而治平刑措。[19]卷15《审举》,p382

因循臣下落实到操作层面的一个要求,就是量能授官,使得臣下各尽其宜,君主循名责实。马王堆帛书《经法·名理》中,名理是"循名究理"治国之术的简称,它不仅是名理篇的中心议题,也是贯穿《经法》各篇的核心思想。综合起来看,其基本思想如下:无形无名的道生成了有形有名的万物,也生成了万物所必须遵循的法律和法则。这些法律和法则体现在制度所规定的各种名分及其关系之中。臣民行为是否符合自己名分所规定的内容,是无法隐匿而客观存在的。只要君主虚静无为,不持任何主观成见,就会公正、客观、全面地审视臣民的行为是否符合各自的名分,臣民的是非曲直便会自然而然地显现出来,然后再运用法律规定去奖善惩恶,使之名实相符,达到天下大治,即所谓:"道生法……秋毫成之,必有形名。形名立,则黑白之分已。故执道者之观于天下也。……是故天下有事,无不自为形名声号矣。形名已立,声号已建,则无所逃迹匿正矣。"[89]《经法·道法》,p10"是非有分,以法断之;虚静谨听,以法为符。审察名理终始,是谓究理……故唯执道者能虚静公正,乃见正道,乃得名理之诚。"[89]《经法·名理》,p187 显而易见,在黄老名理学的理论假设中,统治者虚静无为与循名责实——"因循"与"形名",是同一政治行为的两个方面,两者是不可分割的统一体。黄老的这种循名责实思想影响深远。《邓析子·无厚》也说:"循名责实,君之事也。"[101]p1 所谓循名责实,《六韬·文韬·举贤》中有解释:"文王曰:'举贤奈何?'太公曰:'将相分职,而各以官名举人。按名督实,选才考能,令实当其名,名当其实,则得举贤之道

第四章 因循随时的政治理念

也。'"[102]卷1《文韬·举贤》,p35

葛洪也反复强调要量能而授官,最终君主做到"考名责实"。[19]卷5《君道》,p177

> 使规尽其圆,矩竭其方,绳肆其直,斤効其斲。器无量表之任,才无失授之用。[19]卷5《君道》,p174

> 明主官人,不令出其器;忠臣居位,不敢过其量。[3]卷38《博喻》,p254

因循臣下要多种人才并用,各得其宜,扬长避短。《慎子·民杂》解释到:

> 民杂处而各有其能,所能者不同,此民之情也。大君者,太上也,兼畜下者也。下之所能不同,而皆上之用也。是以大君因民之能为资,尽包而畜之,无能去取焉。是故不设一方以求于人,故所求者无不足也。[103]

慎到强调"不设一方以求于人,故所求者无不足"与葛洪所说的"用得其长,则才无或弃;偏诘其短,则触物无可"是完全一致的。[3]卷38《博喻》,p306葛洪也是特别强调多种人才的任用:"华衮粲烂,非只色之功;嵩、岱之峻,非一篑之积。故九子任,而康凝之绩熙;四七授,而佐命之勋著。"[3]卷38《博喻》,p279要扬长避短,使不同人才各尽其宜:

> 剑戟不长于缝缉,锥钻不可以击断,牛马不能吠守,鸡犬不任驾乘。役其所长,则事无废功;避其所短,则世无弃材矣。[19]卷10《务正》,p309

> 惠子上相之标也,而不能役舟楫凌阳侯;汉高神武之杰也,而不能治产业,端检括;淮阴良将之元也,而不能修农商,免饥寒;周勃社稷之鲠也,而不能答钱谷,责狱辞。若以所短弃所长,则逸侪拔萃之才不用矣;责具体而论细礼,则匡世济民之勋不著矣。[19]卷17《备阙》,p451

葛洪主张因循臣下、使得不同人才各尽其宜,还包括因循和尊重隐士特点，不要强逼他们出仕，宽容他们的隐逸行为而发挥他们立德立言的政治功能：

> 出处之事，人各有怀。故尧、舜在上，而箕、颍有巢栖之客；夏后御世，而穷薮有握未之贤。[19]卷1《嘉遁》,p58

> 物各有心，安其所长。莫不泰于得意，而惨于失所也。[19]卷2《逸民》,p85

> 若拥经著述，可以全真成名，有补末化；若强所不堪，则将颠沛惟咎，同悔小狐。故居其所长，以全其所短耳。虽无立朝之勋，即戎之劳；然切磋后生，弘道养正，殊涂一致，非损化之民也。[19]卷1《嘉遁》,p59

这种主张为葛洪论证和强调出处一致提供了理论依据。汉初黄老之治因循理念的主要表现是顺民之情、与之休息，反映了社会要求安定和休养生息的愿望；而葛洪的因循理念强调要使用各种人才包括发挥隐士的特殊价值，反映了重建社会政治秩序的时期急需各种人才建功立业的现实。

因循臣下要求君主把主要精力放在设官分职、尽臣之力上面，所以极力反对君主事必躬亲。葛洪明确反对君主"滞乎下人之业，而暗元本之端"：

> 人主不澄思于治乱，不深鉴于亡征，虽目分百寻之秋毫，耳精八音之清浊，文则琳琅堕于笔端，武则钩铬摧于指掌，心苞万篇之诵，口播涛波之辩，犹无补于土崩，不救乎瓦解也。何者？不居其大，而务其细，滞乎下人之业，而暗元本之端也。[19]卷5《君道》,p230

君主最重要的职责是因循臣下，使得各尽其宜，君主责成而不劳。

因循臣下要求各司其职，所以黄老道家反对兼职，即《慎子·威德》所说的"工不兼事，士不兼官"。[103]p24 兼职和越职使得循名责实的原则无法落实，有损害君主权威的潜在危险。葛洪坚决反对兼职：

>立朝牧民者,不得侵官越局。[19]卷5《君道》,p177

>臣职分则治,统广则多滞。非贲、获之壮,不可以举兼人之重;非万夫之特,不可以总异官之局。韩侯所以罪侵冒之典,子元所以惧不胜之祸也。……辕弱载重,尟不及矣。常人贪荣,不虑后患,身既倾溺,而祸逮君亲,不亦哀哉!人皆辞斧斤所未开,而莫让摄官所不堪。[19]卷6《臣节》,p271

这里葛洪所说的摄官即兼职。《左传》成公二年:"摄官承乏。"[70]696 又昭公十三年:"羊舌鲋摄司马。"杜《注》:"摄,兼官。"[70]1321《论语·八佾》:"官事不摄。"《集解》引包咸曰:"摄,犹兼也。"[50]p42

葛洪反对兼官的一个现实背景是西晋以来职官制度出现的机构多、官属多、兼职多趋势。阎步克先生在其《品位与职位——秦汉魏晋南北朝官阶制度研究》一书中也指出了这种现象,随着九品中正制的运行以及门阀士族阶层权势的壮大,兼职现象越来越普遍。[104]干宝在《晋纪总论》中也指出兼职的泛滥和危害:"秉钧当轴之士,身兼官以十数,大极其尊,小录其要,机事之失,十恒八九。"[61]p351 兼职泛滥现象是门阀势力坐大的一个表现,葛洪反对兼职也是出于维护君主权威,有反对门阀特权膨胀的现实针对性。

二、随时:适应两晋之际的丧乱时势简化礼制和严刑峻法

黄老有突出的随时观念,强调根据时势变化改革具体统治措施。《老子》第八章中提示行动要掌握时机,"动善时"。[55]p89《黄帝四经》有言:"圣人不朽,时反是守","圣人之功,时为之庸","静作得时,天地与之",等等,"时"的概念多达六十五见。[89]p15 司马谈《论六家要旨》称赞道家善于掌握时机,"与时迁移,应物变化",[20]卷130《太史公自叙》,p3288 这是黄老道家曾经取得主导地位的重要因素。

葛洪政治思想上变通随时而不迂阔,有实用主义的特点:

>昔诸侯访政,弟子问仁,仲尼答之,人人异辞。盖因事托规,

随时所急。譬犹治病之方千百,而针灸之处无常;却寒以温,除热以冷,期于救死存身而已。岂可诣者逐一道,如齐、楚而不改路乎?[3]卷43《喻蔽》,p435

葛洪这种因人制宜、因时制宜的随时思想,与《淮南子》中因循不同情况而改变策略的思想一致:

夫圣人之屈者,以求伸也;枉者,以求直也。故虽出邪辟之道,行幽昧之涂,将欲以直大道,成大功,犹出林之中不得直道,拯溺之人不得不濡足也。……孔子欲行王道,东西南北七十说而无所偶,故因卫夫人、弥子瑕而欲通其道。[88]卷20《泰族训》,p2083

这种随机应变的特点即是因循理念的外在表现。

黄老道家特别是法家强调随时的观念,一个基本表现就是反对贵古贱今和抱残守缺。《抱朴子外篇》中也是反对贵古贱今。范文澜先生指出,《抱朴子外篇》"表现出社会进化思想。《外篇》许多处说到今胜于古"。[6]p541葛洪列举很多事例说明今胜于古:

且夫古者事事醇素,今则莫不雕饰,时移世改,理自然也。至于屬锦丽而且坚,未可谓之减于蓑衣;辒軿妍而又牢,未可谓之不及椎车也。……若舟车之代步涉,文墨之改结绳,诸后作而善于前事,其功业相次千万者,不可复缕举也。[3]卷30《钧世》,p77

王充《论衡》卷18《齐世》篇,驳斥"世俗之性,好褒古而毁今,少所见而多所闻"。[83]卷18《齐世》,p812葛洪则著有《钧世》篇,驳斥"贵远贱近",两者思想相近,都是反对抱残守缺的保守观念,强调随时和进化。葛洪在《肘后备急方序》中也批评道:"世俗苦于贵远贱近,是古非今。"[51]葛洪《肘后备急方序》,p9特别是文学观上葛洪反对贵古贱今的看法几近偏激——葛洪甚至认为《尚书》、《毛诗》不及汉魏文章"清富赡丽"、"汪濊博富"。[3]卷30《钧世》,p70罗根泽先生指出:"王充止是卑薄经生,还没有大胆的论到经书的本身;葛洪不惟大胆的论到经书的本身,而且说《尚书》、《毛诗》都不及汉魏的文章;不用说在两汉尊经之后,就是在废经倒孔的五四时代,这种言论也要使大部分的人舌矫而不敢下的。这是如何大胆的批评!固然经书的巨手不能伸展在魏晋六朝是有许多原因的,而葛洪这种大胆的批评,也确是抵制经书的生力军。"[105]p132 这一方面反映了葛洪思想上反对贵古贱今,另一方面也反映了葛洪思想上与正统儒家的巨大差异。

法家反对贵古贱今主要是为变法服务的。历史不断进化,今异于古,这是法家进行改革的理论根据。《商君书·更法》提出:"当时而立法,因事而制礼。""三代不同礼而王,五霸不同法而霸。"[106]卷1《更法》,p5 韩非提出"时移而治不易者乱",[47]卷20《心度》,p1178 讽刺守株待兔的愚蠢之人。葛洪也主张根据时势变化改变应对策略:

> 常制不可以待变化,一涂不可以应无方,刻船不可以索遗剑,胶柱不可以谐清音。故翠盖必设于晴朗,朱轮不施于涉川。味淡则加之以盐,沸溢则增水而减火。[3]卷39《广譬》,p343

葛洪专门论述简化礼制的重要意义,强调礼制要根据时势变化和需要进行因革损益:

> 夫三王不相沿乐,五帝不相袭礼,而其移风易俗,安上治民,一也。或革或因,损益坏善,何必乘船以登山,策马以涉川,被甲以升庙堂,重裘以当隆暑乎!若谓古事终不可变,则棺椁不当代薪埋,衣裳不宜改裸袒矣。[3]卷31《省烦》,p96

葛洪简化礼制的主张适应和配合了东晋之初的政治需要。《晋书·礼志》载:"元皇中兴,事多权道,遗文旧典,不断如发。"[1]卷19《礼志上》,p580 晋元帝乘乱离之余,需要重建礼乐制度,所谓"事多权道",说明因陋就简、损益旧礼也是出于客观形势要求。《晋书·刁协传》载:

> 元帝为丞相,以协为左长史。中兴建,拜尚书左仆射。于时朝廷草创,宪章未立,朝臣无习旧仪者。协久在中朝,谙练旧事,

凡所制度,皆禀于协焉,深为当时所称许。[1]卷69《刁协传》,p1842

葛洪简化礼制主张与东晋之初刁协制订礼制的实践是一致的:

> 余以为丧乱既平,朝野无为,王者所制,自君作古。可命精学洽闻之士,才任损益,免于拘愚者,使删定《三礼》,割弃不要,次其源流,总合其事类,集以相从;其烦重游说,辞异而义同者存之,不可常行除之,无所伤损,卒可断约而举之。勿令沈隐,复有凝滞。[3]卷31《省烦》,p86

葛洪对儒家的繁琐礼制是持异议的:

> 安上治民,莫善于礼。弥纶人理,诚为曲备。然冠、婚、饮、射,何烦碎之甚邪!人伦虽以有礼为贵,但当令足以叙等威而表情敬,何在乎升降揖让之繁重,拜起俯伏之无已邪?[3]卷31《省烦》,p80

> 今五礼混挠,杂饰纷错,枝分叶散,重出互见,更相贯涉。旧儒寻案,犹多所滞,驳难渐广,异同无已,殊理兼说,岁增月长。自非至精,莫不惑闷。跱踌岐路之衢,愁劳群疑之薮,煎神沥思,考校叛例。[3]卷31《省烦》,p91

杨明照先生指出:葛洪所说"烦碎之甚",非为虚言,例如《仪礼》有《士冠礼》、《士昏礼》、《乡饮酒礼》、《乡射礼》四篇,所叙颇为杂碎。[3]p81 因此葛洪援引墨子的观点进行批判:"此墨子所谓'累世不能尽其学,当年不能究其事'者也。"[3]卷31《省烦》,p82 葛洪肯定墨家薄葬等简化礼制思想的进步性:"自建安之后,魏之武、文,送终之制,务在俭薄。此则墨子之道,有可行矣。"[3]卷31《省烦》,p83 所以葛洪主张对繁琐礼仪进行删并简化:

> 其吉凶器用之物,俎豆觚觯之属,衣冠车服之制,旗章采色之美,宫室尊卑之品,朝飨宾主之仪,祭奠殡葬之变,郊祀禘祫之法,社稷山川之礼,皆可减省,务令约俭。夫约则易从,俭则用少。易从则不烦,用少则费薄。不烦,则莅事者无过矣;费薄,则

调求者无苛矣。[3]卷31《省烦》,p86

葛洪的简化礼制主张受到后人的肯定。清陈澧《东塾读书记》八《仪礼》中,陈澧不同意韩愈对《仪礼》的全盘否定态度,而赞扬葛洪根据实用原则进行简化的思想:"韩昌黎《读仪礼》云:'考于今,诚无所用。'澧谓:此语过矣。《抱朴子》云:'冠、婚、饮、射,何烦碎之甚邪!余以为可命精学洽闻之士,使删定《三礼》,割弃不要,次其源流,总合其事类,集以相从,务令约俭。无令小碎,条牒各别,令易案用。'此则至当之论也。"[107]卷8《仪礼》,p129

侯外庐先生指出,葛洪"要以简易严峻的作风来代替繁重雍容的作风,而不是散漫与废弛。葛洪屡次赞许魏武帝,又对晋室四帝表示钦佩,颇足以说明这点消息"。[12]p317 葛洪"简易严峻的作风",也就是他的简化礼制主张和重刑主义思想,适应了两晋之际的丧乱实际和政治需要,反映了他的黄老因循随时特点。关于葛洪的严刑峻法主张,留待第六章再展开论述。

三、读书做官:因循人性自利改变儒学不振状况

《慎子·因循》中指出因循的一个重要对象是人的自利本性:"因也者,因人之情也……故用人之自为,不用人之为我,则莫不可得而用矣。此之谓因。"[103]《抱朴子外篇》中为了改变儒学不振状况,利用人性趋利特点,将读书和做官联系起来,也是黄老因循理念的一个体现。

东晋初年的教育状况十分窘迫,王导、戴邈、顾和、顾荣、纪瞻、贺循、薛兼等人都极力倡导复兴儒学,葛洪也属于其中一员。《抱朴子外篇》卷3《勖学》篇和卷4《崇教》篇,应当写于江左政权刚刚建立之时,葛洪呼吁加强儒学教育:

> 夫寒暑代谢,否终则泰,文武迭贵,常然之数也。冀群寇毕涤,中兴在今,七耀遵度,旧邦惟新,振天彗以广埽,鼓九阳之洪炉,运大钧乎皇极,开玄模以轨物。陶冶庶类,匠成翘秀,荡汰积

埃，革邪反正。戢干戈，櫜弓矢，兴辟雍，立庠序，集国子，修文德，发金声，振玉音。降风云于潜初，旅束帛乎丘园，令抱翼之凤，奋翮于清虚；项领之骏，骋迹于千里。[19]卷3《勖学》,p137

葛洪这里所说的"中兴在今"，杨明照先生指出："中兴，谓晋元帝所建东晋王朝。"[19]p138

> 今圣明在上，稽古济物，坚堤防以杜决溢，明褒贬以彰劝沮；想宗室公族，及贵门富年，必当竞尚儒术，撙节艺文，释老、庄之不急，精六经之正道也。[19]卷4《崇教》,p173

葛洪要求复兴儒学，摒弃老庄玄学。

《礼记》有《学记》，《荀子》、《尸子》、《大戴礼》都有《劝学篇》。葛洪慨叹"世道多难，儒教沦丧"，[19]卷3《勖学》,p134 他的《勖学》篇和《崇教》篇，继承了儒家重视教育的传统。《抱朴子外篇》中的《疾谬》、《讥惑》和《刺骄》等篇，对背叛礼教的放达行为深恶痛绝。无疑葛洪的思想中儒家内容占有相当分量。但葛洪推动教育发展、改变儒学不振状况的手段，体现了黄老道家的因循理念。葛洪将读书和做官联系起来，将做官的途径限制在读书应试上，学而优则仕，用功利的措施矫正社会上不务学习的风气。

葛洪分析人们放弃学习、不守礼法的放达风气根源，是当时门阀士族垄断仕途，不用通过读书，仅凭世资身份就可以当官：

> 贵游子弟，生乎深宫之中，长乎妇人之手，忧惧哀劳，未尝经心。或未免于襁褓之中，而加青紫之官；才胜衣冠，而居清显之位。操杀生之威，提黜陟之柄。[19]卷4《崇教》,p151

> 望冠盖以选用，任朋党之华誉。[19]卷4《崇教》,p162

当官不需要通过读书学习，士族不学无术和放达无损于仕途：

> 诚知不学之弊，硕儒之贵，所祖习之非，所轻易之谬；然终于迷而不返者，由乎放诞者无损于进趋故也。[19]卷25《疾谬》,p638

所以这种不合理的状况污染了整个社会风气，导致人们不愿意学习：

> 彼纵情恣欲,而不妨其赫奕矣;此敕身履道,而不免于贫贱矣。[3]卷27《刺骄》,p46

> 俗之随风而动,逐波而流者,安能复勤身于德行,苦思于学问哉!是以莫不弃检括之劳,而赴用赂之速矣。斯诚有汉之所以倾坠,来代之所宜深鉴也。[19]卷15《审举》,p399

葛洪认为人性趋利避害、舍难从易,人们看到有比勤苦学习更容易达到当官目的的途径,当然不再去勤苦学习,这属于人之常情:

> 夫守礼防者苦且难,而其人多穷贱焉;恣骄放者乐且易,而为者皆速达焉。于是俗人莫不委此而就彼矣。[3]卷27《刺骄》,p45

> 汲汲于进趋,悒闷于否滞者,岂能舍至易速达之通涂,而守甚难必穷之塞路乎?[19]卷3《勖学》,p134

葛洪看到汉武帝以来儒学兴盛与学而优则仕的选官制度有很大关系,用班固的话就是"盖禄利之路然也"。[53]卷88《儒林传》,p3620 所以葛洪主张将读书和做官联系起来,以促进儒学的发展:

> 自有天性好古,心悦艺文,学不为禄,味道忘贫,若法高卿、周生烈者。学精而不仕,徇乎荣利者,万之一耳。至于宁越、倪宽、黄霸之徒,所以强自笃励于典籍者,非天性也,皆由患苦困瘁,欲以经术自拔耳。向使非汉武之世,则朱买臣、严助之属,亦未必读书也。今若取富贵之道,幸有易于学者,而复素无自然之好,岂肯复空自勤苦,执洒埽为诸生,远行寻师问道者乎?[19]卷15《审举》,p414

葛洪矫正社会上不务学习的风气,所使用的是现实功利手段而非简单的道德批判。葛洪将读书和做官联系起来,具体措施就是通过考试办法录用官吏:

> 兵兴之世,武贵文寝,俗人视儒士如仆虏,见经诰如芥壤者,何哉?由于声名背乎此也。夫不用譬犹售章甫于夷越,徇髶蛇于华夏矣。今若逮迡一例,明考课试,则必多负笈千里,以寻师

友,转其礼赂之费,以买记籍者,不俟终日矣。[19]卷15《审举》,p415

只要坚持这样的考试录用制度,不费力气就可以促进社会学风的好转:

> 若试经法立,则天下可以不立学官,而人自勤乐矣。[19]卷15《审举》,p417

> 今且令天下诸当在贡举之流者,莫敢不勤学。但此一条,其为长益风教,亦不细矣。若使海内畏妄举之失,凡人息侥幸之求,背竞逐之末,归学问之本,儒道将大兴,而私货必渐绝,奇才可得而役,庶官可以不旷矣。[19]卷15《审举》,p410

正是从人性自利的角度看待教育问题,葛洪指出:吴国灭亡后,西晋朝廷录用江东士人免试的优惠政策,看似优容,实际上反而导致江东的读书风气下降,江东文化更趋落后:

> 昔吴土初附,其贡士见偃以不试。今太平已近四十年矣,犹复不试,所以使东南儒业衰于在昔也。此乃见同于左袒之类,非所以别之也。且夫君子犹爱人以礼,况为其恺悌之父母邪!法有招患,令有损化,其此之谓也。今贡士无复试者,则必皆修饰驰逐,以竞虚名,谁肯复开卷受书哉?所谓饶之适足以败之者也。[19]卷15《审举》,p413

所以葛洪主张对江东地区实行划一的应试政策:"王制政令,诚宜齐一。夫衡量小器,犹不可使往往而有异,况人士之格,而可参差而无检乎?"[19]卷15《审举》,p411

葛洪还主张增加法律方面的应试内容,考试成绩作为录用和提拔的标准,以改善在职官吏的司法水平:"可令廉良之吏,皆取明律令者试之如试经,高者随才品叙用。如此,天下必少弄法之吏,失理之狱矣。"[19]卷15《审举》,p418

葛洪的考试制度思想,是后来科举制度的先声。杨向奎先生在《论葛洪》一文中对葛洪的考试主张给予很高评价:"这种建议实在近于隋唐时代的科举制度,科举制度是士族地主衰落,九品中正制不能实行时候的新制度,比较起来是一种进步的制度。当九品中正制实行不久,葛洪就提出新的察举制来,也是有进步意义的建议,因为这是针对腐朽的士族地主阶级的建议。"[13]p54

另外吕思勉先生在其《两晋南北朝史》中也对葛洪这一思想大加赞扬:

> 言有发于千百年之前,而于千百年后之事若烛照而数计者,葛洪《选举》之篇是也。……案后世科举之利,在于官不立学,虽立亦徒有其名,而民自乡学,文教由是覃敷也。其制不足以必得才,而究愈于不试,而其试之则关防不得不严。唐宋明清之事可以为证。而葛氏发之于千百年之前,亦可谓圣矣。何以克圣?理有必至,势有固然,察之者精,故言之者审也。[108]p1255

所谓葛洪的高明,核心即是因循了人性自利特点。

葛洪因循随时的政治理念贯穿于整个《抱朴子外篇》之中。他主张君主无为而因循臣民,根据时势变化简化礼制、实施重刑,根据人性自利特点将读书和做官联系起来,等等,都是黄老随时变通、因循外物为我所用思维方式的外在表现。

第五章

强 化 君 权

两晋之际的动荡局面急需一个强大的君权来重新安定社会政治秩序。此时玄学无君论在理论上对君主制度是一种削弱,而强臣跋扈擅行废立更是对君主权威的直接威胁。葛洪反驳无君论而为君主制度的公共利益职能辩护,反对强臣擅行废立君主,强调君主至上;他还主张运用分封措施来巩固君权,等等。强化和巩固君权成为《抱朴子外篇》的一个基本议题。

一、为君主制度的公共利益职能辩护:反驳无君论

葛洪亲身经历了玄学从西晋元康时期至东晋成帝时期的发展阶段。魏晋玄学政治思想上的无为论调,发展的逻辑结果就是无君思想。萧公权先生指出:"'清谈'祖述老庄。其哲学之根据,诸家所同,殆无歧别。然其政治思想,则可按其消极程度之深浅,分为无为与无君之两派。前者近于先秦之老学,后者推阐先秦之庄学。"[11]p337 "王、何诸人认政治制度为自然变化之产物,故主有君为必要,而取无为之治术。虽然,既已无为,何用有君?郭象虽加辩解,终不免有抵牾之嫌疑。阮籍、陶潜、鲍敬言等乃更进一步,发为无君之论。于是无为思想逻辑上必然之结果,遂底于成熟。"[11]p345 葛洪反对鲍敬言

之类的无君论,主要就是因为它在理论上动摇了君主制度。

葛洪批判无君论的主要论据就是认为君主制度的产生和存在是为了公共利益,特别是为了防止和镇压暴乱。葛洪的这种君权思想直接与两晋之际的社会动荡形势相关。

葛洪与鲍敬言的分歧涉及多个方面,最根本的是君主的功能是对社会有利还是有害的问题。鲍敬言否定君主制度来自天命,认为是强者凌弱、智者诈愚的结果:

> 儒者曰:"天生蒸民,而树之君。"岂其皇天谆谆言,亦将欲之者为辞哉?夫强者凌弱,则弱者服之矣;智者诈愚,则愚者事之矣。服之,故君臣之道起焉;事之,故力寡之民制焉。[3]卷48《诘鲍》,p493

葛洪一方面沿用传统的儒家观点,认为君主制度的产生符合自然法则:

> 冲昧既辟,降浊升清。穹隆仰焘,旁泊俯停。乾坤定位,上下以形。远取诸物,则天尊地卑,以著人伦之体。近取诸身,则元首股肱,以表君臣之序,隆杀之轨,有自来矣。[3]卷48《诘鲍》,p511

更主要的是,葛洪认为君主制度的起源和本质是为了公共利益职能。圣人因为创造文明、去害兴利而被拥戴为君:

> 有圣人作,受命自天;或结罟以畋渔,或瞻辰而钻燧,或尝卉以选粒,或构宇以仰蔽,备物致用,去害兴利,百姓欣戴,奉而尊之。君臣之道,于是乎生。[3]卷48《诘鲍》,p516

文明和君主制度产生后,胜于无君时代:

> 太初之民:鸟聚兽散,巢栖穴窜,毛血是茹,结草斯服。入无六亲之尊卑,出无阶级之等威。未若庇体广厦,粳粱嘉旨,黼黻绮纨,御冬当暑,明辟莅物,良宰匡世,设官分职,宇宙穆如也。[3]卷48《诘鲍》,p513

葛洪认为等级贵贱制度合理,等级制度包括君主制度都是为了防止和镇压争夺混乱:"贵贱有章,则慕赏畏罚;势齐力均,则争夺靡悝。"[3]卷48《诘鲍》,p516 葛洪的这种看法与荀子类似:"夫两贵之不能相事,两贱之不能相使,是天数也。势位齐而欲恶同,物不能澹则必争。争则必乱,乱则穷矣。"[109]卷5《王制》,p346 君主制度是等级制度的一部分,因此等级制度合理也就是君主制度合理。

葛洪认为必须要有君主防止和镇压社会动乱,是因为人天生有争夺之心,争夺必然导致动乱不止:"夫有欲之性,萌于受气之初;厚己之情,著于成形之日。贼杀并兼,起于自然。必也不乱,其理何居?"[3]卷48《诘鲍》,p528 因此如果无君,人类会在争斗中同归于尽:"民有所利,则有争心。"[3]卷48《诘鲍》,p547 "若人与人争草莱之利,家与家讼巢窟之地,上无治枉之官,下有重类之党,则私斗过于公战,木石锐于干戈。交尸布野,流血绛路。久而无君,噍类尽矣。"[3]卷48《诘鲍》,p522 以上葛洪的看法源于他的人性本恶观点。《荀子·性恶》中说:"从人之性,顺人之情,必出于争夺,合于犯分乱理而归于暴。故必将有师法之化,礼义之道,然后出於辞让,合於文理而归於治。"[109]卷17《性恶》,p934 荀子主张人性恶,因此需要礼义教化,而葛洪与韩非法家接近,把性恶论推向极端,更加强调实行严刑峻法镇压的必要性:

> 故严司鹰扬以弹违,虎臣杖钺于方岳。而狂狡之变,莫世乏之。而令放之,使无所惮,则盗跖将横行以掠杀,而良善端拱以待祸,无主所诉,无强所凭。而冀家为夷、齐,人皆柳惠,何异负豕而欲无臭,凭河而欲不濡,无辔策而御奔马,弃柂橹而乘轻舟,未见其可也。[3]卷48《诘鲍》,p535

人性险恶和天生争夺,需要严刑峻法进行镇压和控制,而掌握严刑峻法和进行镇压的主体是君主,所以不能无君,特别是到了叔世,更不可无君。

先秦时期关于君主制度起源的争论比较热烈,观点五花八门,葛洪主要继承了其中止争而立君的观念,这也是葛洪思想上因循随时特点的一个表现。《墨子·尚同》中就是止争而立君的观点:"夫明乎天下之所以乱者,生于无政长。"[110]卷3《尚同上》,p222《吕氏春秋·观世》中做了集中表达:"乱莫大于无天子,无天子则强者胜弱,众者暴寡,以兵相划。"[93]卷16《观世》p1806

葛洪强调君主的产生是为了制止暴乱,为君主的公共利益职能辩护,应当是针对两晋之际的动乱形势以及玄学无君论甚嚣尘上而言的,反映了希望东晋皇帝建立中央集权、迅速结束动乱的愿望。

二、反对强臣擅行废立君主:君主至上

汉魏以来皇权不稳,更迭频繁,加上门阀制度趋于稳固,所以社会上忠君观念淡薄。唐长孺先生在《魏晋南朝的君父先后论》中指出:"自晋以后,门阀制度的确立,促使孝道的实践在社会上具有更大的经济上与政治上的作用,因此亲先君后,孝先于忠的观念得以形成。"[36]p238魏晋时代孝子多,忠臣少。但葛洪关注君权的强化和巩固,所以《抱朴子外篇》虽然卷帙庞大,却基本上看不到提倡孝道的内容。在《抱朴子外篇·良规》中,他为忠君伦理辩护,否定汤武革命、伊霍废立的合法性,强烈批判强臣擅行废立君主,把君主至上绝对化而走向君权绝对主义。

中国古代思想家普遍有尊君观念。儒家尊君是有条件的,即"从道不从君",[109]卷9《臣道》,p573把道义原则置于君权之上,强调君主的道义责任,君权有相对性,臣子可以推翻无道的君主,"汤武革命"和"伊霍废立"都有一定的合法理由,孟子说:"闻诛一夫纣矣,未闻弑君也。"[111]《梁惠王章句下》,p53但强调君权的相对性一面,会为强臣擅行废立君主提供借口;而如果强调君主至上的绝对性,在新兴皇权建立之初,就无法为皇权的来源合法性自圆其说。所以君权的相对性和绝对性之间有冲突,显例如《史记·辕固生传》中所载争论汤武革命是否合法的悖论:

> 清河王太傅辕固生者,齐人也。以治《诗》,孝景时为博士。

与黄生争论景帝前。黄生曰:"汤武非受命,乃弑也。"辕固生曰:"不然。夫桀纣虐乱,天下之心皆归汤武,汤武与天下之心而诛桀纣,桀纣之民不为之使而归汤武,汤武不得已而立,非受命为何?"黄生曰:"冠虽敝,必加于首;履虽新,必关于足。何者,上下之分也。今桀纣虽失道,然君上也;汤武虽圣,臣下也。夫主有失行,臣下不能正言匡过以尊天子,反因过而诛之,代立践南面,非弑而何也?"辕固生曰:"必若所云,是高帝代秦即天子之位,非邪?"于是景帝曰:"食肉不食马肝,不为不知味;言学者无言汤武受命,不为愚。"遂罢。是后学者莫敢明受命放杀者。[20]卷121《辕固生传》,p3122

葛洪与以上黄生的立场一样,论证君权的绝对性,否定汤武革命和伊霍废立,强调无论什么理由也不能废立君主:

> 夫君,天也;父也。君而可废,则天亦可改,父亦可易也。[19]卷7《良规》,p285

> 方策所载,莫不尊君卑臣,强干弱枝。《春秋》之义,天不可雠。大圣著经,资父事君。民生在三,奉之如一。而许废立之事,开不道之端,下陵上替,难以训矣。[19]卷7《良规》,p290

司马谈在《论六家要旨》中指出法家的一个特征是"正君臣上下之分,不可改矣",[20]卷130《太史公自叙》,p3289 即法家肯定君主专制制度的绝对性和永恒性,把君主说成至高无上、神圣不可侵犯。葛洪也是强调君主神圣不可侵犯、君权至上,具有法家思想的特点。

葛洪批判汤武革命、伊霍废立的非法性质:

> 俗儒沈沦鲍肆,困于诡辩,方论汤、武为食马肝,以弹斯事者,为不知权之为变,贵于起善而不犯顺,不谓反理而叛义正也。[19]卷7《良规》,p291

> 世人诚谓汤、武为是,而伊、霍为贤,此乃相劝为逆者也。[19]卷7《良规》,p287

葛洪认为如果肯定汤武和伊霍的行为合理,就会为后来篡夺者提供借口,这一看法是符合历史事实的。《汉书·霍光传》载霍光打算废掉昌邑王刘贺时,犹豫不决,最后援引伊尹先例时才坚定废立决心:

> 贺者,武帝孙,昌邑哀王子也。既至,即位,行淫乱。光忧懑,独以问所亲故吏大司农田延年。延年曰:"将军为国柱石,审此人不可,何不建白太后,更选贤而立之?"光曰:"今欲如是,于古尝有此不?"延年曰:"伊尹相殷,废太甲以安宗庙,后世称其忠。将军若能行此,亦汉之伊尹也。"[53]卷68《霍光传》,p2937

东汉时期屡屡发生的废立君主事例,原因之一就是援引伊霍为榜样:

> 其后孙程定立顺之功,曹腾参建桓之策,续以五侯合谋,梁冀受钺,迹因公正,恩固主心,故中外服从,上下屏气。或称伊、霍之勋,无谢于往载;或谓良、平之画,复兴于当今。[54]卷78《宦者列传》,p2510

汤武革命和伊霍废立成为后来发生篡夺的一个幌子,葛洪指出所谓伊霍之举都是欺瞒世人,往往诬陷旧主,所谓成王败寇:

> 见废之主,神器去矣,下流之罪,莫不归焉。虽知其然,孰敢形言?无东牟、朱虚以致其讨,无南史、董狐以证其罪,将来今日,谁又理之?独见者乃能追觉桀、纣之恶不若是其恶,汤、武之事不若是其美也。[19]卷7《良规》,p288

在面对无道昏君的情况时,葛洪认为君主无道往往都是臣子蛊惑的结果,所以可以去掉奸臣、改置忠良,而不能废立君主:

> 若有奸佞翼成骄乱,若桀之干辛、推哆,纣之崇侯、恶来,厉之党也,改置忠良,不亦易乎?除君侧之众恶,流凶族于四裔……何必夺至尊之玺绂,危所奉之见主哉![19]卷7《良规》,p283

> 夫危而不持,安用彼相?争臣七人,无道可救。[19]卷7《良规》,p280

中国古代有突出的"尊君——罪君"政治批判模式,[81]p420而《抱朴子外篇》中却是这种归罪臣子的模式,反映了葛洪极力维护君权的立场。

《抱朴子外篇》政治思想研究

葛洪反对废立君主,还以经验功利角度警告实行废立者都没有好下场:

> 周公之摄王位,伊尹之黜太甲,霍光之废昌邑,孙綝之退少帝,谓之合道用权,以安社稷。然周公之放逐狼跋,流言载路;伊尹终于受戮,大雾三日;霍光几于及身,家亦寻灭,孙綝桑阴未移,首足异所。皆笑音未绝,而号咷已及矣。[19]卷7《良规》,p277

之所以是如此结果,葛洪分析了其中的人性原因——实施废立者根本不可能取得新君的信任:

> 功盖世者不赏,威震主者身危。此徒战胜攻取,勋劳无二者,且犹鸟尽而弓弃,兔讫而犬烹。况乎废退其君,而欲后主之爱己,是奚异夫为人子而举其所生捐之山谷,而取他人养之,而云我能为伯瑜、曾参之孝,但吾亲不中奉事,故弃去之。虽日享三牲,昏定晨省,岂能见怜信邪?[19]卷7《良规》,p285

葛洪抨击汤武革命和伊霍废立,正是两晋之际政局动荡,强臣跋扈直接威胁到现实皇权稳定的反映。萧公权先生指出:"洪所以大明此论者,殆以深有感于魏晋权臣之跋扈,君势之微弱,故思有以矫之欤!"[11]p364葛洪的观点看似矫枉过正,不过符合黄老"与时迁徙、应物变化"的因循随时特征。

三、运用分封措施来巩固君权

《抱朴子外篇》政治思想上虽然吸收了大量的法家内容,但在国家政体上主张采用分封措施而不是郡县制;这种思想符合两晋之交巩固君权的现实需要。

葛洪亲历八王之乱,宗室内讧继以五胡乱华,可以说宗藩动乱是西晋灭亡的重要诱因;《抱朴子外篇》"言人间得失,世事臧否",[3]卷50《自叙》,p698却不见批评八王之乱和分封藩王问题,仍然肯定分封,其中的历史背景和原因,应当如唐长孺先生在《西晋分封与宗王出镇》一文中所指出的情况:"魏晋之间人们有一种议论,认为曹氏代汉,司马氏代魏,都由于汉魏宗室失位,藩王无权。所以司马炎泰始元年即位之初,立即分封宗室二十七王。"[36]p123 从维护封建家天下的角度来看,西晋虽然灭亡,但是晋祚绝而复振,江左延续百年得以半壁天下仍为司马氏所有,正是西晋分封的琅邪王后裔所建立,可以说是西晋分封政策的一个硕果,所以亲历江左中兴的葛洪不会单因八王之乱而否定封建。

从历史上看,封建制和郡县制对于皇权的稳固,各有利弊得失,难以一概而论。陆机《五等论》中为封建制辩护的观点比较典型:

> 昔成汤亲照夏后之鉴,公旦目涉商人之戒,文质相济,损益有物。然五等之礼,不革于时,封畛之制,有隆尔者,岂玩二王之祸而暗经世之算乎?固知百世非可悬御,善制不能无弊,而侵弱之辱愈于殄祀,土崩之困痛于陵夷也。是以经始获其多福,虑终取其少祸,非谓侯伯无可乱之符,郡县非兴化之具。故国忧赖其释位,主弱凭于翼戴。及承微积弊,王室遂卑,犹保名位,祚垂后嗣,皇统幽而不辍,神器否而必存者,岂非事势使之然欤![1]卷54《陆机传》,p1477

结合汉魏以来的史实,陆机的分析是符合实际的。东晋司马氏政权虽然"承微积弊,王室遂卑",但是司马氏毕竟能够"犹保名位,祚垂后嗣,皇统幽而不辍,神器否而必存",是封建制优于郡县制的一个直接证明。

葛洪父亲葛悌曾与陆机一同为吴王司马晏的郎中令,葛洪幼年有接触过陆机的可能。《晋书·陆机传》文末论及世人对陆机的推崇情形,专门举葛洪为例:

> 葛洪著书,称"机文犹玄圃之积玉,无非夜光焉,五河之吐流,泉源如一焉。其弘丽妍赡,英锐漂逸,亦一代之绝乎!"其为人所推服如此。[1]卷54《陆机传》,p1481

足以说明葛洪对陆机非常崇拜,因此陆机主张封建制的观点可能对葛洪有所影响。《抱朴子外篇·君道》中明确主张封建:

昭德塞违，庸亲昵贤。[19]卷5《君道》,p174

外总多士于文武，内建维城之穆属，使亲疎相持，尾为身干。枝虽茂而无伤本之忧，流虽盛而无背源之势。石盘岳峙，式遏觊觎。[19]卷5《君道》,p181

《诗·大雅·板》："怀德维宁，宗子维城。无俾城坏，无独斯畏。"[112]卷17,p1151这说明葛洪对于分封诸王的支持，与陆机在《五等论》中的"宗庶杂居，而定维城之业"主张相同。[42]卷54,p997

唐长孺先生在《西晋分封与宗王出镇》一文中指出："经过八王之乱以后仍然没有改变宗王入辅出镇的政策，与当时的政权结构有关：当时高居于政权上层的是门阀贵族，西晋政权结构是以皇室司马氏为首的门阀贵族联合统治。皇室家族有资格也有必要取得更大权势以保持优越地位。"[36]p123另外唐长孺先生在《王敦之乱与所谓刻碎之政》一文中也指出了东晋之初宗室势力的衰弱背景："王敦之乱是东晋政权建立后第一次朝廷与藩镇之争，也是司马氏帝室与以王氏为代表的南北士族之争。和西晋政权一样，东晋仍然是以司马氏为首的门阀贵族联合统治为内容的君主专制政体。司马氏家族得以驾驭诸士族之上，不仅由于它的帝室地位，更由于这个家族掌握了内外军政大权。东晋却远不是这样的情况。五马渡江，宗室零落，毫无实力。晋元帝几乎是孑身处于南北士族之间。"[36]p151葛洪亲历两晋之交的政局并直接参与了晋元帝司马睿的百六掾统治集团，通过分封诸王来巩固皇权是当务之急。葛洪肯定分封说明了对司马睿的支持。

汉魏以来关于国家政体的争论一直没有停止，直到唐代柳宗元论述郡县制优于分封制，才算基本结束。

《抱朴子外篇》反驳无君论而为君主制度的公共利益职能辩护；反对强臣擅行废立君主，强调君主至上；主张通过分封巩固君权，等等，都是围绕建立和巩固一个强大皇权为中心展开论述的，反映了通过强有力的皇权来迅速恢复和重建社会政治秩序的愿望。

第六章

法家倾向的治国措施

《抱朴子外篇》对儒家礼教非常重视,《疾谬》、《讥惑》和《刺骄》几篇集中批判玄学放达背叛礼教;但《抱朴子外篇》更多地只是将儒学作为个人立身处世上的一个修养要求而非治国手段;葛洪认为儒家的仁政有导致国家覆亡的危险:

> 夫心不违仁而明不经国,危亡之祸,无以杜遏,亦可知矣。[3]卷37《仁明》,p227

> 徐偃修仁以朝同班,外坠城池之险,内无戈甲之备,亡国破家,不明之祸也。[3]卷37《仁明》,p229

上述强调君主治国要求具备"明"的素质和手段,通观《抱朴子外篇》可知主要指的是法家倾向的治国措施。

葛洪援用法家思想,关键原因是出于时势变化需要:

> 垂绅振佩,不可以挥刃争锋;规行矩步,不可以救火拯溺。[3]卷38《博喻》,p294

汉魏之际名法思想兴起即与时代需要相关。吕思勉先生在《魏晋法术之学》中,指出王符、仲长统、崔寔等都是综核名实来救治时弊,并列举曹操、诸葛亮为例:"孔明、魏武之用法,皆时势所需,非徒好尚所在矣。"[113]p867曹操"持法峻刻",[39]卷1《武帝纪》,p55《晋书·傅玄传》

载:"近者魏武好法术,而天下贵刑名。"[1]卷47《傅玄传》,p1317 葛洪非常崇尚曹操的名法之治,侯外庐先生即发现这一点:"葛洪屡次赞许魏武帝。"[12]p317 葛洪肯定和继承曹操的法术政策,也是因为两晋之际的形势和汉魏之际有类似之处。葛洪思想上有明显的黄老之学特征,而黄老道家与法家思想本来渊源很深。

《抱朴子外篇》政治思想上法家倾向的治国措施,包括吸收法家的专制色彩的御臣之术,严刑峻法思想以及运用刑罚手段矫正社会风俗等几个方面,与这一时期晋元帝以法御下的政治路线一致,有支持晋元帝加强君权的意义。

一、吸收法家的御臣之术:君主专制

韩非子的君主专制思想集中表现在他对御臣之术的重视上。郭沫若先生在《韩非子的批判》中称韩非为"法术家":"他的书中关于'术'的陈述与赞扬,在百分之六十以上。"[114]p307 王元化先生也认为:"在韩非学说中,法、术、势这三个方面,术是居于中心的地位。一部《韩非子》主要谈的是术,而不是法。"[115]p192 法家御臣之术主张采取一切办法加强君主权力,大权独揽,保证君主有效地进行专制和独裁。

葛洪对御臣之术也很重视。葛洪主张君主要实行专制:"藏渊中之鱼,操利器之柄。"[19]卷5《君道》,p204《老子》第三十六章:"鱼不可脱于渊,国之利器不可以示人。"[55]p205 这一思想有强化君权的目的。河上公章句:"利器者,谓权道也。治国权者不可以示执事之臣也。"[94]p142 指出了它的君主专制的倾向。《韩非子·喻老》阐述了这一专制思想的意义:

> 势重者,人君之渊也。君人者势重于人臣之间,失则不可复得也。简公失之于田成,晋公失之于六卿,而邦亡身死。故曰:"鱼不可脱于深渊。"赏罚者,邦之利器也,在君则制臣,在臣则胜君。君见赏,臣则损之以为德;君见罚,臣则益之以为威。人君

见赏而人臣用其势，人君见罚人臣乘其威。故曰："邦之利器不可以示人。"[47]卷7《喻老》,p437

关于老子的"鱼不可脱于渊，国之利器不可以示人"成为君主专制思想武器的原因，章太炎先生指出：

> 老子生春秋之世，其时政权操于贵族，不但民主政治未易言，即专制政治亦未易言。故其书有民主语，亦有专制语。即孔子亦然。在贵族用事之时，唯恐国君之不能专制耳。国君苟能专制，其必有愈于世卿专政之局，故曰："鱼不可脱于渊，国之利器不可以示人。"然此二语法家所以为根本。太史公以老子、韩非同传，于学术渊源最为明了。韩非解老、喻老而成法家，然则法家者，道家之别子耳。[71]p312

韩非子与黄老有相通之处所以能够解老、喻老。先秦诸子大都主张君主专制，但是法家最为明显和极端。法家的御臣专制之术主要是为了防止大臣篡夺而非针对民众，章太炎先生即指出"法"和"术"的这种不同性质：

> 夫大臣者，法在其手，徒法不足以为防，必辅之以术，此其所以重术也。《春秋》讥世卿（三传相同，《左传》曰："是以为君，慎器与名，不可以假人"），意亦相同。春秋之后，大臣篡弑者多，故其时论政者，多主专制。主专制者，非徒法家为然，管子、老子皆然，即儒家亦未尝不然。盖贵族用事，最易篡夺，君不专制，则臣必擅主。[71]p328

葛洪主张运用法家的御臣之术，针对的也是两晋时期强臣跋扈的局面。章太炎先生指出，曹魏就是因为御臣无术而为司马氏取而代之："魏文帝时兵力尚不足，明帝时兵力足矣，末年破公孙渊，后竟灭蜀，而齐王被废、高贵乡公被弑。魏室之强，适以成司马氏奸劫弑臣之祸，其故亦在无术以制大臣也。"[71]p330 御臣专制之术成为保障君主权力的关键手段。《说苑·谈丛》中也说："凡所以劫杀者，不知

道术以御其臣下也。"[116]卷16《谈丛》,p383

御臣之术的一个要领是秘不示人。韩非子指出:"术者,藏之於胸中,以偶众端而潜御群臣者也。故法莫如显,而术不欲见。"[47]卷16《难三》,p922《尹文子·大道》上:"术者,人君之所密用,群下不可妄窥。"[117]p3韩非子指出,运用这种御臣专制之术最后达到的局面就是:

> 明君无为于上,群臣悚惧于下。明君之道,使智者尽其虑,而君因以断事,故君不穷于智;贤者敕其材,君因而任之,故君不穷于能;有功则君有其贤,有过则臣任其罪,故君不穷于名。是故不贤而为贤者师,不智而为智者正。臣有其劳,君有其成功。此之谓贤主之经也。[47]卷1《主道》,p67

韩非子这一专制思想完全为葛洪所继承:

> 御之以术,则终始可竭也;整之以度,则参差可齐也。巍若阆风之凌霄,而诸下不得以轻重料焉;窈若玄渊之万仞,则近侍不能以少多量焉。然则君之流源不穷,而百僚之才力毕陈矣;我之涯畔无外,而彼之斤两可限矣。[19]卷5《君道》,p184

另外韩非子认为君主只要掌握了御臣之术,完全可以恣意享乐:

> 故国者君之车也,势者君之马也,无术以御之,身虽劳犹不免乱;有术以御之,身处佚乐之地,又致帝王之功也。[47]卷14《外储说右下》,p830

这一点葛洪与韩非子也是完全一致,葛洪认为勤苦并不是达到长治久安的关键,君主只要掌握了御臣之术完全可以享乐:

> 操纲领以整毛目,握道数以御众才,韩、白毕力以折冲,萧、曹竭能以经国,介人一心致其果毅,谋夫协思进其长算;则人主虽从容玉房之内,逍遥云阁之端,羽爵腐于甘醪,乐人疲于拚儛,犹可以垂拱而任贤,高枕以责成。何必居茅茨之狭陋,食薄味之大羹,躬监门之劳役,怀损命之辛勤,然后可以惠流苍生,道洽海

外哉？[19]卷5《君道》,p232

《抱朴子外篇》卷12《任能》篇,在论述君主使用贤才不必担心贤才比自己能干而不尽忠时,还援引了法家关于"势"的思想:

> 昔鲁哀庸主也,而仲尼上圣,不敢不尽其节;齐景下才也,而晏婴大贤,不敢不竭其诚。[19]卷12《任能》,p320

葛洪这一观念和事例可能来源于《韩非子·五蠹》中的重势思想:

> 民者固服于势,寡能怀于义。仲尼,天下圣人也,修行明道以游海内,海内说其仁,美其义,而为服役者七十人,盖贵仁者寡,能义者难也。故以天下之大,而为服役者七十人,而仁义者一人。鲁哀公,下主也,南面君国,境内之民莫敢不臣。民者固服于势,诚易以服人,故仲尼反为臣,而哀公顾为君。仲尼非怀其义,服其势也。故以义则仲尼不服于哀公,乘势则哀公臣仲尼。[47]卷19《五蠹》,p1096

韩非子笔下的孔子"非怀其义,服其势";葛洪没有否认孔子"怀其义",但也指出"不敢不尽其节",以说明君主势力的重要性。

"术"和"势"都是法家加强君主专制的手段,葛洪对"术"和"势"的重视,透漏出其政治思想上深受法家的影响,有支持晋元帝加强君权的意义。

二、严刑峻法思想

《抱朴子外篇》卷19《用刑》篇专论刑法的重要意义,所针对的一个理论背景就是玄学清谈中废弃刑罚的主张:

> 世人薄申、韩之实事,嘉老、庄之诞谈。然而为政莫能错刑,杀人者原其死,伤人者赦其罪,所谓土桴瓦裁,无救朝饥者也。道家之言,高则高矣,用之则弊,辽落迂阔,譬犹干将不可以缝缉,巨象不可使捕鼠,金舟不能凌阳侯之波,玉马不任骋千里之迹也。[19]卷14《用刑》,p361

葛洪的批评用词"土桴瓦裁",使用了《韩非子·外储说左上》的说法:"夫婴儿相与戏也,以尘为饭,以涂为羹,以木为胾,然至日晚必归饷者,尘饭涂羹可以戏而不可食也。夫称上古之传颂,辩而不悫,道先王仁义而不能正国者,此亦可以戏而不可以为治也。"[47]卷11《外储说左上》,p683 由此透漏出葛洪刑法思想上深受法家的影响。

葛洪《自叙》载,其年轻时在镇压石冰之乱中的从严治军表现,即有强调刑罚的倾向:

> 曾攻贼之别将,破之日,钱帛山积,珍玩蔽地,诸军莫不放兵收拾财物,继毂连担。洪独约令所领,不得妄离行阵,士有摭得众者,洪即斩之以徇,于是无敢委仗。而果有伏贼数百,出伤诸军。诸军悉发无部队,皆人马负重,无复战心,遂致惊乱,死伤狼藉,殆欲不振。独洪军整齐毂张,无所损伤,以救诸军之大崩,洪有力焉。后别战斩贼小帅,多获甲首,而献捷幕府。[3]卷50《自叙》,p685

葛洪带兵军纪严明,果断杀掉违纪士兵以警戒队伍,"斩之以徇"指的就是用刑罚达到威慑目的。"《司马法》曰:'斩以徇',言使人将行遍示众士以为戒。"[53]卷1《高帝纪》,p18 葛洪在带兵中的表现可谓严刑峻法的一次成功实践,可能对《抱朴子外篇》中重刑倾向的形成产生一定影响。

葛洪的重刑思想与儒家传统不同。儒家并不否定刑罚,但刑罚属于次要辅助地位,《论语·为政》:"道之以政,齐之以刑,民免而无耻,道之以德,齐之以礼,有耻且格。"[50]p15 有鄙视刑罚的倾向。《孔子家语》载:

> 仲弓问于孔子曰:"雍闻至刑无所用政,至政无所用刑。至刑无所用政,桀纣之世是也。至政无所用刑,成康之世是也。信乎?"孔子曰:"圣人之治化也,必刑政相参焉。大上以德教民,而以礼齐之。其次以政道民,以刑禁之,刑不刑也。化之弗变,道

第六章 法家倾向的治国措施

之弗从,伤义以败俗,于是乎用刑矣。"[118]《刑政第三十一》,p25
尽管《孔子家语》真伪难辨,所载孔子言论未必属实,但反映了儒家对刑罚的态度——把刑罚当作迫不得已的手段。葛洪虽然也提及"刑为仁佐",[19]卷14《用刑》,p330但论证的主旨是刑比仁更重要:

> 仁者为政之脂粉,刑者御世之辔策;脂粉非体中之至急,而辔策须臾不可无也。肃恭少怠,则慢惰已至;威严暂弛,则群邪生心。当怒不怒,奸臣为虎;当杀不杀,大贼乃发。[19]卷14《用刑》,p344

这是法家重刑思想的表现。葛洪说:"仁多则法不立,威寡则下侵上。"[19]卷14《用刑》,p352这和《韩非子·内储说上》所说的"爱多者则法不立,威寡者则下侵上"[47]卷9《内储说上》,p563重刑轻仁思想完全一致,特别是乱世之中要用刑罚而不是德教:

> 夫德教者,黼黻之祭服也;刑罚者,捍刃之甲胄也。若以德教治狡暴,犹以黼黻御刿锋也;以刑罚施平世,是以甲胄升庙堂也。[19]卷14《用刑》,p330

正是因为葛洪的重刑轻仁立场,在对周秦兴亡与刑法的关系问题上,葛洪有独特的看法。儒家重仁思想体现在历史观上,就是把国家政权的兴亡根源归结到仁政的实施与否上,如《孟子·离娄上》:"三代之得天下也以仁,其失天下也以不仁。国之所以废兴存亡者亦然。"[111]p191干宝《晋纪总论》对西周和西晋进行对比时也是类似观点,认为周由仁政而兴,西晋覆亡的一个原因就是由于仁政不足:"今晋之兴也,……不及修公刘、太王之仁也。……是其创基立本,异于先代者也。"[61]p350葛洪认为,周秦兴亡与法治好坏有关,而与仁政关系不大:

> 俗儒徒闻周以仁兴,秦以严亡,而未觉周所以得之不纯仁,而秦所以失之不独严也:昔周用肉刑,刖足劓鼻。盟津之令,后至者斩,毕力赏罚,誓有孥戮。考其所为,未尽仁也。及其叔世,罔法玩文,人主苛虐,号令不出宇宙,礼乐征伐,不复由己。群下

力竞,还为长蛇。伐本塞源,毁冠裂冕。或沈之于汉,或流之于彘。失柄之败,由于不严也。[19]卷14《用刑》,p364

葛洪认为周朝所以兴盛也是仁法并用,而周的式微正是法治的衰败造成的,尤其是秦政的兴盛是由于用法的缘故:

> 秦之初兴,官人得才:卫鞅、由余之徒,式法于内;白起、王翦之伦,攻取于外。兼弱攻昧,取威定霸,吞噬四邻,咀嚼群雄,拓地攘戎,龙变虎视,实赖明赏必罚,以基帝业。[19]卷14《用刑》,p367

葛洪这种强调法治而轻视仁政的观念和传统儒家不同。

曹操认为,治世尚礼,乱世尚刑。葛洪强调实行刑罚是"识因革之随时,明损益之变通",是适应时势变化的结果:

> 盖三皇步而五帝骤,霸、王以来,载驰载骛。当其弊也,吏欺民巧,寇盗公行,髡钳不足以惩无耻,族诛不能以禁觊觎。重目以广视,累耳以远听,抗烛以理滞事,焦心以息奸源,而犹市朝有呼嗟之音,边鄙有不闻之枉。作威作福者,或发乎瞻视之下;凶家害国者,或构乎萧墙之内。而欲以太昊之道,治偷薄之俗;以画一之歌,救鼎涌之乱,非识因革之随时,明损益之变通也。所谓刻舟以摸遗剑,参天而射五步,掼犀兕之甲,以涉不测之渊;袗却寒之裘,以禦郁隆之暑,踵之解结,颐之搔背,其为愦愦,莫此之剧矣。[19]卷14《用刑》,p355

葛洪认为当下风俗败坏、人心险恶,不能用德治:

> 至醇既浇于三代,大朴又散于秦、汉,道衰于畴昔,俗薄乎当今,而欲结绳以整奸欺,不言以化狡猾,委辔策而乘奔马于险涂,舍柂橹而泛虚舟以凌波,盘旋以逐走盗,揖让以救灾火,斩晁错以却七国,舞干戚以平赤眉,未见其可也。[19]卷14《用刑》,p352

这也是葛洪黄老因循随时思想的一个表现,和《韩非子·五蠹》中的随时变通思想一致:"夫古今异俗,新故异备。如欲以宽缓之政,治急世之民,犹无辔策而御駻马,此不知之患也。"[47]卷19《五蠹》,p1096

葛洪认为,当下不但不适合用仁政德治而要用刑罚,而且还必须实施重刑主义。《尚书·吕刑》："刑罚世轻世重。"[56]p550 韩非子明确主张严刑峻法："夫严刑重罚者,民之所恶也,而国之所以治也。"[47]卷4《奸劫弑臣》,p287 葛洪认为轻刑宽法会导致犯法者多,造成百姓无辜蹈祸,反而不如严刑峻法护佑百姓:

> 安于感深谷而严其法,卫子疾弃灰而峻其辟。夫以其所畏禁其所翫,峻而不犯,全民之术也。明治病之术者,杜未生之疾;达治乱之要者,遏将来之患。若乃以轻刑禁重罪,以薄法卫厚利,陈之滋章,而犯者弥多,有似穿窬以当路,非仁人之用怀也。[19]卷14《用刑》,p342

以上葛洪所说的"安于感深谷而严其法"例子,援引的就是《韩非子·内储说上》(即文中"阏于")中的严刑峻法理念:

> 董阏于为赵上地守,行石邑山中,见深涧,峭如墙,深百仞,因问其旁乡左右曰:"人尝有入此者乎?"对曰:"无有。"曰:"婴儿、盲聋、狂悖之人尝有入此者乎?"对曰:"无有。""牛马犬彘尝有入此者乎?"对曰:"无有。"董阏于喟然太息曰:"吾能治矣。使吾法之无赦,犹入涧之必死也,则人莫之敢犯也,何为不治?"[47]卷9《内储说上》,p581

正是这种严刑峻法的理念,葛洪进一步提出"以杀止杀":

> 黎庶巧伪,趋利忘义。若不齐之以威,纠之以刑,远羲、农之风,则乱不可振,其祸深大。以杀止杀,岂乐之哉![19]卷14《用刑》,p331

这是法家重刑主义的一贯主张。《商君书·画策》:"故以战去战,虽战可也;以杀去杀,虽杀可也;以刑去刑,虽重刑可也。"[106]卷4《画策》,p137

《抱朴子外篇》中重刑主义的一个典型例子就是主张恢复肉刑。汉文帝废除肉刑以后,时论臧否各异,争论持续至南北朝。曹魏、西晋武帝时期,数次争论复肉刑问题。张华《博物志》四载:

> 肉刑,明王之制,荀卿每论之。至汉文帝感太仓公女之言而

废之。班固著论宜复。迄汉末魏初,陈纪又论宜申古制,孔融云不可复。复欲申之,钟繇、王朗不同,遂寝。夏侯玄、李胜、曹羲、丁谧建私议,各有彼此,多云时未可复,故遂寝焉。[119]卷6《典礼考》,p74

张华以上只叙述到西晋之前复肉刑的争论。东晋之初元帝时期又兴起一次关于复肉刑的大辩论。《晋书·刑法志》详细记载了这次复肉刑争论各方的观点,文长不载,节录其中部分,可以看出卷入的人数众多:

> 及(元)帝即位,(卫)展为廷尉,又上言:"古者肉刑,事经前圣。……愚谓宜复古施行,以隆太平之化。"诏内外通议。于是骠骑将军王导、太常贺循、侍中纪瞻、中书郎庾亮、大将军咨议参军梅陶、散骑郎张嶷等议,……尚书令刁协、尚书薛兼等议,……尚书周顗、郎曹彦、中书郎桓彝等议,……
>
> 议奏,元帝犹欲从展所上。大将军王敦以为:"百姓习俗日久,忽复肉刑,必骇远近。且逆寇未殄,不宜有惨酷之声,以闻天下。"于是乃止。[1]卷30《刑法志》,p940

晋元帝打算恢复肉刑,然而因为王敦的阻挠而不果。其实这次恢复肉刑动议属于晋元帝以法御下政策的一部分,也是晋元帝扩张君权的一个表现。虽然《晋书·刑法志》中没有提及葛洪,但葛洪在《抱朴子外篇·用刑》篇中恢复肉刑的主张,也是支持晋元帝恢复肉刑政策的一个表现:

> 或曰:'……若夫古之肉刑,亦可复与?'抱朴子曰:'曷为而不可哉!昔周用肉刑,积祀七百。汉氏废之,年代不如。……今除肉刑,则死罪之下无复中刑在其间,而次死罪不得不止于徒谪鞭杖,是轻重不得适也。……杀人,非不重也。然辜之三日,行埋弃之,不知者众,不见者多也。若夫肉刑者之为摽戒也多。[19]卷14《用刑》,p376

葛洪关于肉刑可以填补刑罚上空档、发挥更大的警戒作用的基本论调,完全和元帝朝中复肉刑一派一致。

葛洪恢复肉刑的思想和仲长统《昌言·损益》中的看法也有很大类似之处。葛洪肯定曹操的恢复肉刑主张:

> 昔魏世数议此事,诸硕儒达学,洽通殷理者,咸谓宜复肉刑,而意异者驳之,皆不合也。魏武帝亦以为然。直以二陛未宾,远人不能统至理者,卒闻中国刖人肢体,割人耳鼻,便当望风谓为酷虐,故且权停,以须四方之并耳。通人扬子云亦以为肉刑宜复也。但废之来久矣,坐而论道者,未以为急耳。[19]卷14《用刑》,p378

葛洪指出复肉刑本来合于时宜,只是高层不以为意而无法落实,所列举的是"坐而论道"的权贵因素而不是君主不愿意复肉刑,隐射元帝时期的复肉刑之争情况。

葛洪虽然主张重刑但反对滥用刑罚:"怒不越法以加虐,喜不逾宪以厚遗。割情于所爱,而有犯者无赦;采善于所憎,而有劳者不遗。"[19]卷5《君道》,p213 依法办事:"夫赏贵当功而不必重,罚贵得罪而不必酷也。"[19]卷14《用刑》,p339 同时选用公正的官吏来执行法律:"但当简于、张之徒,任以法理;选赵、陈之属,委以案劾。明主留神于上,忠良尽诚于下。"[19]卷14《用刑》,p373

葛洪强调严刑峻法的实质是为了加强君权,因为法令本质上是君权的一个工具。《尚书·洪范》:"臣无有作福作威玉食。臣之有作福作威玉食,其害于而家,凶于而国。"[56]312 赏罚大权由君主所独揽,严刑峻法实际上就是加强君权。

韩非子说刑赏是君主制驭臣下的"二柄":

> 明主之所道制其臣者,二柄而已矣。二柄者,刑、德也。何谓刑、德?曰:杀戮之谓刑,庆赏之谓德。[47]卷2《二柄》,p120

葛洪也是将刑罚作为君主权力的载体:

> 二仪不能废春秋以成岁,明主不能舍刑德以致治。[3]卷39《广譬》,p340

> 鞭朴废于家,则僮仆息惰;征伐息于国,则群下不虔。爱待

敬而不败,故制礼以崇之;德须威而久立,故作刑以肃之。班、倕不委规矩,故方圆不戾于物;明君不释法度,故机诈不肆其巧。[19]卷14《用刑》,p339

既然刑法是君主权力的表现,则君主必须亲自掌握刑法权力。韩非子特别强调君主的刑罚权力不能下放给臣下:

> 为人臣者畏诛罚而利庆赏,故人主自用其刑德,则群臣畏其威而归其利矣。故世之奸臣则不然,所恶则能得之其主而罪之,所爱则能得之其主而赏之。今人主非使赏罚之威利出于己也,听其臣而行其赏罚,则一国之人皆畏其臣而易其君,归其臣而去其君矣。此人主失刑德之患也。夫虎之所以能服狗者,爪牙也,使虎释其爪牙而使狗用之,则虎反服于狗矣。人主者,以刑德制臣者也,今君人者释其刑德而使臣用之,则君反制于臣矣。[47]卷2《二柄》,p120

葛洪也一再强调君主亲自掌握刑罚权力,不能借贷给臣下:

> 明主躬操威恩,不假人以利器;暗主倒执干戈,虽名尊而势去。故制庆赏而得众者,田常所以夺齐也;擅威福而专朝者,王莽所以篡汉也。[3]卷39《广譬》,p342

> 刑之为物,国之神器,君所自执,不可假人,犹长剑不可倒捉,巨鱼不可脱渊也。乃崇替之所由,安危之源本也。田常之夺齐,六卿之分晋,赵高之弑秦,王莽之篡汉,履霜逮冰,由来渐矣。或永叹于海滨,或拊心乎望夷,祸延宗祧,作戒将来者,由乎慕虚名于往古,忘实祸于当己也。[19]卷14《用刑》,p346

葛洪的这种思想和韩非子的君主独揽刑罚权力主张完全一致,受到法家君主专制思想的影响。

葛洪观念中的刑罚范围包括军事手段。古代刑罚本来包括兵在内。《国语·鲁语》说:"大刑用甲兵,其次用斧钺,中刑用刀锯,其次用钻笮,薄刑用鞭扑,以威民也。故大者陈之原野,小者致之市朝。"[120]《鲁语上》,p152 兵与刑乃一事之内外异用,其为暴力则同。葛洪所举黄帝事例:"逮于轩辕,圣德尤高,而躬亲征伐,至于百战,殭尸涿鹿,流血阪泉。"[19]卷14《用刑》,p333 刑罚范围也是包括军事手段,这种兵刑不分思想对强调法律的暴力属性和镇压职能影响较大。

《抱朴子外篇》中本来"缀《用兵》、《战守》之法"。[3]p408 葛洪还有《军术》传世。现今这部分内容大都散佚,有清人辑佚数条,从中可以看出,葛洪的军事论述以计取胜的思想比较明显,如:

> 兵家以计为主,以力为末。
>
> 韩信传檄而定千里,是以尺素之功胜于云梯之械也。
>
> 昔鲁连射书以下聊城,是分毫之力过百万之众也。[3]《抱朴子外篇佚文》,p743

葛洪军事上强调权谋,正是黄老道家的一贯特点。

葛洪强调严刑峻法,包括军事手段在内,有支持晋元帝加强君权、迅速结束社会动乱局面的意义。《隋书·刑法志》说:"夫刑者,制生死之命,详善恶之源,翦乱诛暴,禁人为非者也。"[17]卷25《刑法志》,p695 如同吕思勉先生在《两晋南北朝史》中所指出的,晋元帝开国时期,军事武力不足:"当九州云扰之际,克奏勘定之烈者,必为文武兼资之材。……盖勘定之勋,必资武力,而师之武、臣之力者,大都非孝子顺孙,非兼信、布之才,良、平之智,固无以御之也。晋元帝惟不足以语此,故虽能立国江东,而卒以内忧诒后嗣。"[108]p130 这是葛洪主张严刑峻法、支持晋元帝加强君权的现实背景,虽然晋元帝"以法御下"的政治路线在现实中遭到了失败。

三、运用刑罚手段矫正社会风俗

《抱朴子外篇》强调刑罚的特点也渗透和影响到对社会风俗领域的态度上。葛洪批判一些社会敝俗违反儒家礼教,但为了"移不正之风,易流遁之俗",[26]卷12《辨问》,p224 使用的矫正手段是法家措施。清吴德旋《初月楼文钞》一《书抱朴子后》指出这种特点:"葛洪生于衰晋之世,……匡世谬,贵绳检。"[3]p764 所谓"贵绳检",即强调刑罚的意味;《用刑》篇中的"绳"与刑法措施同义:"五刑之罪,至于三千,是绳不可曲也;司寇行刑,君为不举,是法不可废也。绳曲,则奸回萌矣;法废,则祸乱滋矣。"[19]卷14《用刑》,p336

葛洪对于淫祀、违反婚约、戏妇弊俗等社会问题的刑罚立场,足以说明他思想上的法家倾向。

吕思勉先生指出魏晋南北朝时期的淫祀之盛,[113]p982 梁满仓先生在其《论六朝时期的民间祭祀》中,分析了魏晋南北朝时期各种祭祀崇拜现象的兴盛和屡禁不止的原因。[121]p118 葛洪虽然信仰长生不死之道,但严厉批判并主张坚决镇压各种淫祀和民间宗教,态度颇类似于曹操。根据曹操的《气出唱》、《精列》等作品可知,曹操也具有神仙思想,[122]卷26,p314 但是曹操对宗教又是严厉禁止的态度。唐长孺先生在《魏晋期间北方天师道的传播》一文中指出,曹魏时期对于祠祀巫祝的禁令是很严厉的。[36]p218

葛洪对待民间宗教的严厉态度可能与他参与过镇压张昌石冰之乱有关,这是一次穿着宗教外衣的暴乱。很多农民起义就是利用宗教作为动员和组织的工具。陈寅恪先生在《西晋末年的天师道活动》中指出:"张昌起兵,也是西晋末年天师道徒的一次变乱。"[123]p71 葛洪亲自参与镇压了这次宗教暴乱,所以对各种民间宗教深恶痛绝。葛洪的批判和镇压立场集中反映在《抱朴子内篇》卷9《道意》篇中。在《抱朴子外篇》中也流露出对各种宗教迷信的蔑弃态度:"左道邪术,假托鬼怪者,谓之通灵神人。"[3]卷33《汉过》,p127 从葛洪的这些鄙夷称呼也透漏出他的深恶痛绝态度,因为"左道"和"假托鬼怪"在传统专制社会中都属于该杀之列。《礼记·王制》:"执左道以乱政,杀。"[74]412 "假于鬼神、时日、卜筮以疑众,杀。"[74]413

葛洪指出各种淫祀和民间宗教往往都是骗钱的伎俩:"世间自有奸伪图钱之子,而窃道士之号者,不可胜数也。"[26]卷14《勤求》,p252 除了诈骗钱财,最让葛洪不能容忍的是很多民间宗教政治上发动变乱,

第六章 法家倾向的治国措施

直接威胁政治稳定：

> 曩者有张角、柳根、王歆、李申之徒，或称千岁，假托小术，坐在立亡，变形易貌，诳惑黎庶，纠合群愚，进不以延年益寿为务，退不以消灾治病为业，遂以招集奸党，称合逆乱。[26]卷9《道意》,p173

葛洪强调维护君权，当然极力主张严厉镇压。晋武帝策题称："吴人趋睢，屡作妖寇"。[1]卷52《华谭传》,p1450 所谓"妖寇"，往往都是宗教性质的变乱，也说明江东地区这类宗教变乱较多。葛洪主张通过严刑峻法进行禁止，凡是涉嫌参与淫祀活动的，无论轻重，一律杀掉：

> 淫祀妖邪，礼律所禁。然而凡夫，终不可悟。唯宜王者更峻其法制，犯无轻重，致之大辟。购募巫祝不肯止者，刑之无赦，肆之市路，不过少时，必当绝息。卒如颇严，而实善政。[26]卷9《道意》,p172

葛洪鼓励对各种淫祀进行取缔和镇压，论证说这样做根本不会招来什么祸害：

> 第五公诛除妖道，而既寿且贵；宋庐江罢绝山祭，而福禄永终；文翁颇破水灵之庙，而身吉民安；魏武禁淫祀之俗，而洪庆来假，前事不忘，将来之鉴也。[26]卷9《道意》,p172

从以上主张可以看出，葛洪即使在宗教领域仍然要维护政治的稳定，透露出强烈的君权意识。

关于惩治违反婚约的行为。《抱朴子外篇·弭讼》中，葛洪与他的姑表刘士由同样反对随便解除婚约的行为，主张进行惩罚，但各自主张的惩罚手段不同。葛洪主张使用刑罚手段纠正违反婚约的行为。刘士由主张的纠正手段，核心是经济处罚：

> 今可使诸争婚者，未及同牢，皆听义绝；而倍还酒礼，归其币帛。其尝已再离者，一倍裨娉；其三绝者，再倍裨娉。[19]卷23《弭讼》,p561

葛洪提出质疑，认为面对富豪夺婚时，经济处罚的效用就很有限：

> 今猥恣之,唯责倍裨娉,贫者所惮也;丰于财者,则适其愿矣。……此法之行,则必多夺贫贱而与富贵者矣。不审吾君何方以防弊乎?[19]卷23《弭讼》,p566

葛洪认为经济处罚不一定管用,所以主张使用刑罚措施,表现出严厉的法家倾向:

> 令女之父兄若伯叔,答壻家书,必手书一纸。若有变悔而证据明者,女氏父母兄弟皆加刑罪。如此,庶于无讼者乎![19]卷23《弭讼》,p567

另外葛洪还主张用刑罚手段纠正民间的新婚戏妇弊俗:

> 俗间有戏妇之法,于稠众之中,亲属之前,问以丑言,责以慢对,其为鄙黩,不可忍论。……民间行之日久,莫觉其非,或清谈所不能禁,非峻刑不能止也。[19]卷24《疾谬》,p628

纠正这种不正之风也是用的峻刑手段。

《抱朴子外篇》不但在政治领域,而且还在社会领域主张实施严刑峻法,体现出葛洪严厉的法家倾向,其主要目的就是努力恢复和重建政治和社会秩序。

第七章

循名责实的人才路线

《抱朴子外篇》50卷多数地方都涉及人才问题，其中比较集中的就有《勖学》、《崇教》、《务正》、《贵贤》、《任能》、《钦士》、《审举》、《备阙》、《擢才》、《名实》、《清鉴》、《百里》、《汉过》、《吴失》、《接疏》等十几卷，其议论的范围十分广泛。这种以如此大量的篇幅，从各个方面探讨人才问题的做法，在古代子书中是不多见的。

葛洪关注和探讨人才问题，核心是为了现实皇权服务。葛洪批判郭泰的要害，就是郭泰虽然有知人之明，但没有为君主荐拔治国人才，没有为改良现实政治做出应有贡献。嵇含等人仅仅迷惑于郭泰的"知人"虚名：

> 嵇生以为："太原郭林宗竟不恭三公之命，学无不涉。名重于往代，加之以知人。知人则哲，盖亚圣之器也。及在衰世，栖栖惶惶，席不暇温，志在乎匡乱行道，与仲尼相似。"[3]卷46《正郭》，p449

葛洪不同意嵇含对郭泰的高度评价。葛洪不否认郭泰在知人方面有过人之处，但郭泰却没有荐举有用人才：

> 林宗名振于朝廷，敬于一时，三、九肉食，莫不钦重。力足以拔才，言足以起滞，而但养疾京辇，招合宾客，无所进致，以匡危

蔽。徒能知人,不肯荐举。[3]卷46《正郭》,p470

虽颇甄无名之士于草莱,指未剖之璞于丘园,然未能进忠烈於朝廷,立御侮于壇場,解亡征于倒悬,折逆谋之竞逐,若鲍子之推管生,平仲之达穰苴。[3]卷46《正郭》,p469

所以葛洪探讨人才问题是直接为现实政治服务的,有很强的实用目的。

陈寅恪先生在《魏晋统治者的社会阶级》中指出,汉末、孙吴、西晋的政权性质相近,[123]p26葛洪探讨"汉之过"与"吴之失",实际上就是西晋倾覆的原因,葛洪归结为"失人"一条,而"失人"的根本表现就是名实乖滥问题。葛洪提出重才轻德、循名责实的人才路线矫正名不副实的积弊,他的"舍仁用明"主张和曹操的"唯才是举"政策一致,选拔人才不重品德和出身,有打破门阀垄断仕途的性质。

一、人才得失是国家兴亡的根源

虽然葛洪在《抱朴子外篇》中一再痛斥玄学放达背叛礼教,却没有将之归结为西晋灭亡的根本原因。王衍在死前曾沉痛地说:"呜呼!吾曹虽不如古人,向若不祖尚浮虚,戮力以匡天下,犹可不至今日。"[1]卷43《王衍传》,p1238桓温北伐,"过淮泗,践北境,与诸僚属登平乘楼,眺瞩中原,慨然曰:'遂使神州陆沉,百年丘墟,王夷甫诸人不得不任其责!'"[1]卷98《桓温传》,p2572自桓温发此论,后来史家沿袭,几成定案。葛洪也一再号召改正放达风气:"道化凌迟,流遁遂往,贤士儒者,所宜共惜。法当扣心同慨,矫而正之。"[3]卷27《刺骄》,p38但葛洪的反对放达,只是在士人立身修养层面的一个要求,并不认为放达是西晋亡国的根本原因。《抱朴子外篇·刺骄》中说:

余观怀、愍之世,俗尚骄褻,夷虏自遇。其后羌胡猾夏,侵掠上京。及悟斯事,乃先著之妖怪也。[3]卷27《刺骄》,p36

妖怪即征兆。这里只是把放达褻渎风俗作为亡国前兆,而不是根本原因。唐长孺先生指出:"葛洪在《刺骄篇》中更直率的批评戴叔鸾、阮嗣宗,认为'其后羌胡猾夏,侵掠上京',这种不守礼法的现象是其先兆。"[5]p364 先兆与根本原因不同。《抱朴子外篇》中的《汉过》和《吴失》两篇把失去人才作为国家覆亡的根源,正是葛洪评价政治得失的基本观点。

先秦特别是战国时代的人才思想非常丰富。战国时代兼并争夺频繁,人才是决定胜负的首要因素,而当时的人才资源是"士","得士者昌,失士者亡"的观念已成为共识。《论衡·效力》:"六国之时,贤才之臣,入楚楚重,出齐齐轻,为赵赵完,畔魏魏伤。"[83]卷13《效力》,p586 先秦诸子普遍重视贤才。例如《墨子·尚贤上》:"国有贤良之士众,则国家之治厚;贤良之士寡,则国家之治薄。"[110]卷2《尚贤上》,p123《孟子·尽心下》:"不信仁贤,则国空虚。"[111]《尽心下》,p387《吕氏春秋·知度》:"绝江者托于船,致远者托于骥,霸王者托于贤。"[93]卷17《知度》,p2045《吕春秋春·求人》:"身定,国安,天下治,必贤人。……得贤人,国无不安,名无不荣;失贤人,国无不危,名无不辱。"[93]卷22《求人》,p2745 等。秦汉以后,类似言论不绝于史册。

葛洪继承了这种重视贤才的传统,《抱朴子外篇》中的《贵贤》、《任能》、《钦士》三篇专门论述贤才的重要性。葛洪认为君主治国必须依赖贤才。君臣一体,君不可以独治:

> 喻之元首,方之股肱,虽有尊卑之殊,邈实若一体之相赖也。[19]卷6《臣节》,p249

《尚书·益稷》:"元首明哉,股肱良哉,庶事康哉!"[56]130《汉书·丙吉传》:"故经谓'君为元首,臣为股肱',明其一体,相待而成也。"[53]卷74《魏相丙吉传》,p3151《抱朴子外篇》中对贤才重要性的强调数见不鲜:

> 昔在唐、虞,稽古钦明,犹俟群后之翼亮,用臻巍巍之成功。[19]卷6《臣节》,p249

> 灵凤所以晨起丹穴,夕萃轩丘,日未移晷,周章九陔,凌风蹈

云,不蹩不阋者,以其六翮之轻劲也。夫良才大智,亦有国之六翮也。[3]卷39《广譬》,p352

舍轻艘而涉无涯者,不见其必济也;无良辅而羡隆平者,未闻其有成也。鸿鸾之凌虚者,六翮之力也;渊虬之天飞者,云雾之阶也。故招贤用才者,人主之要务也;立功立事者,髦俊之所思也。若乃乐治定而忽智士者,何异欲致远涂而弃骐騄哉![19]卷11《贵贤》,p311

葛洪进一步认为,只要充分信任和重用贤才,即使君主骄奢昏庸仍然可以维持统治,"繁足者死而不弊,多士者乱而不亡"。[19]卷10《务正》,p309 葛洪举卫灵公和齐桓公的事例以说明:

卫灵所以虽骄恣而不危。[19]卷10《务正》,p307

齐桓杀兄而立,鸟兽其行,被发彝酒,妇闾三百,委政仲父,遂为霸宗。[19]卷12《任能》,p317

葛洪所举事例详见《说苑·尊贤》:

鲁哀公问于孔子曰:"当今之时,君子谁贤?"对曰:"卫灵公。"公曰:"吾闻之,其闺门之内,姑姊妹无别。"对曰:"臣观于朝廷,未观于堂陛之间也。灵公之弟曰公子渠牟,其知足以治千乘之国,其信足以守之,而灵公爱之;又有士曰王材,国有贤人必进而任之,无不达也,不能达,退而与分其禄,而灵公尊之;又有士曰庆足,国有大事,则进而治之,无不济也,而灵公说之;史鰌去卫,灵公邸舍三月,琴瑟不御,待史鰌之入也而后入,臣是以知其贤也。"[116]卷8《尊贤》,p192

或曰:"将谓桓公仁义乎?杀兄而立,非仁义也。将谓桓公恭俭乎?与妇人同舆驰于邑中,非恭俭也。将谓桓公清洁乎?闺门之内,无可嫁者,非清洁也。此三者,亡国失君之行也,然而桓公兼有之,以得管仲、隰朋,九合诸侯,一匡天下,毕朝周室,为五霸长,以其得贤佐也。"[116]卷8《尊贤》,p182

葛洪举例的目的是要求君主重用贤才。

第七章　循名责实的人才路线

正因为贤才如此重要,所以破国亡家的原因即在失士上面:

> 破国亡家,失士者也。岂徒有之者重,无之者轻而已哉![19]卷13《钦士》,p322

《抱朴子外篇》卷33《汉过》篇探讨"汉之过",洋洋数千言,最后结语即是"失人"一条:

> 微烟起于萧墙,而飙焚徧于宇宙;浅隙发于肤寸,而波涛漂乎四极。金城屠于庶寇,汤池航于一苇。劲锐望尘而冰泮,征人倒戈而奔北。飞锋荐于宸闼,左袒掠于禁省。禾黍生于庙堂,榛莽秀乎玉阶,云观变为狐兔之薮,象魏化为虎豹之蹊,东序烟烬于委灰,生民爇沦于渊火。凶家害国,得罪竹帛。良史无褒言,金石无德音。夫何哉?失人故也。[3]卷33《汉过》,p135

而紧接着卷34《吴失》篇,葛洪探讨吴之失,也是未能任用贤才的问题,即"失人"一条:

> 吴之杪季,殊代同疾,知前失之于彼,不能改弦于此;鉴乱亡之未远,而蹑倾车之前轨。[3]卷34《吴失》,p140

> 夫岂他哉?诚由四凶不去,元凯不举,用者不贤,贤者不用也。[3]卷34《吴失》,p161

失人导致国家覆亡,最终君主的下场也很凄惨:

> 至于驽蹇矫首于雕辇,駃騠委牧乎林坰,彼已尸禄,邦国殄瘁,下凌上替,实此之由。或虫流而莫敛,或逆窜于申亥,或擢筋于庙梁,或绝命于望夷,盖所拔之非真,而忠能之不用也。[19]卷20《名实》,p492

因此君主首要的政治任务就是选拔和任用人才:

> 明主旅束帛于穷巷,扬滞羽于瘁林,飞翘车于河梁,辟四门而不倦,不吝金璧,不远千里,不惮屈己,不耻卑辞,而以致贤为首务,得士为重宝。[19]卷13《钦士》,p325

> 圣君莫不根心招贤,以举才为首务。[19]卷15《审举》,p382

致贤举才是第一要务,是保证皇权运转的基础性工作。

《抱朴子外篇》十分强调"士"的重要性，主张"贵贤"、"钦士"，与儒家孟子强调"民"的重要性有所不同。孟子思想上"贵民"："民为贵，社稷次之，君为轻。"[111]《尽心下》,p387 民心向背决定国家存亡。《抱朴子外篇》认为得士和失士是国家兴亡的根源。葛洪也提到安抚百姓的重要性：

> 夫根深则末盛矣，下乐则上安矣。马不调，造父不能超千里之迹；民不附，唐、虞不能致同天之美。马极则变态生，而倾愦惟忧矣；民困则多离叛，而其祸不振矣。[19]卷5《君道》,p229

但葛洪关注普通百姓是从维护政权稳定、防止社会动乱的角度出发的，从属于他的法家尊君立场，不属于贵民主张，与孟子为民请命的民本思想有所区别。

二、名实不符是失人的根本表现

葛洪把人才得失作为国家兴亡的根源，《抱朴子外篇》中的《名实》、《汉过》和《吴失》等篇，探讨失人的根本表现就是名不副实、名实乖滥。王国维先生在《吴失》篇末写道："《汉过》、《吴失》二篇，皆为晋而作。"[19]p18 说明葛洪针对的是西晋的失人问题。葛洪抨击了汉代察举征辟制和魏晋时期九品中正制共有的名实不符弊端。

汉代实行察举征辟制，以名教治国，入仕靠博取声名，结果造成标榜交游、名教虚伪，东汉后期政论家徐干、崔寔、王符、仲长统等都予以抨击。徐干《中论·谴交》中指出标榜交游与名教取人的因果关系：

> 且先王之教，官既不以交游导民，而乡之考德，又不以交游举贤，是以不禁其民，而民自舍之。……序爵听无证之论，班禄采方国之谣。民见其如此者，知富贵可以从众为也，知名誉可以虚哗获也，乃离其父兄，去其邑里，不修道义，不治德行，讲偶时之说，结比周之党，汲汲皇皇，无日以处。更相叹扬，迭为表里。

葛洪也指出人们竞趋交游沽名钓誉的功利目的：

> 莫不飞轮兼策,星言假寐,冒寒触暑,以走权门,市虚华之名
> 于秉势之口,买非分之位于卖官之家。[19]卷16《交际》,p447

获得声名可以投机取巧,朋党交游成为猎取虚名的捷径。葛洪指出以名取人的最终结果是:"窃华名者,蝼蝣腾于云霄;失实贾者,翠虬沦乎九渊。"[19]卷20《名实》,p489 根本的弊病就是名实乖滥,"英逸穷滞,饕餮得志,名不准实,贾不本物"。[19]卷20《名实》,p486 "名多其实,位过其才。"[19]卷16《交际》,p429

九品中正制确立以后,它所标榜的才德标准很快沦为以门第和出身取人,造成的名实不符弊端与察举征辟制大同小异。葛洪指出以门第和出身取人的情形:"望冠盖以选用。"[19]卷4《崇教》,p162 "父兄贵显,望门而辟命。"[19]卷15《审举》,p383 名品划分实际上是以门第世资为标准。段灼陈五事疏称:"据上品者,非公侯之子孙,则当涂之昆弟也。"[1]卷48《段灼传》,p1347 反映了九品中正制造成的门阀垄断情形。张载《榷论》:"今士循常习故,规行矩步,积阶级,累阀阅,碌碌然以取世资。若夫魁梧俊杰,卓跞俶傥之徒,直将伏死岑岑之下,安能与步骤共争道里乎!"[1]卷55《张载传》,p1518 普通俊杰人才入仕门径更为狭隘,所造成的失人情况更为严重。葛洪认为选举弊端上造成的名不副实,是"有汉之所以倾坠"的重要原因,[19]卷15《审举》,p399 借古讽今。

九品中正制发展成为维护门阀特权的一个制度。唐长孺先生指出:"司马氏的政权既以世族为中心,自不能废除此制度或阻止这一个趋势。"[5]p116 所以名实不符导致失人的弊端越趋严重。葛洪针锋相对提出的正是循名责实的人才路线。

三、循名责实,重才轻德

中国古代人才思想注重德才兼备是主流。德在东汉以后即体现为名教治国,导致沽名钓誉、名实不符痼疾。其实察举征辟制和九品中正制所谓重德往往只是重世资门第的同义语,德为先往往成为以

门第为先的遁词,庄子"诸侯之门而仁义存焉"的话,[124]《胠箧》,p350 在汉魏时代更有着针砭实际的意义。所以用人上一反传统的重才轻德主张,实际上在当时是用人不拘于出身门第,包含了循名责实,反对以位论人、以族取人的进步思想。

才性之辨源于汉末名实讨论。王符强调循名责实,"苟得其材,不嫌名迹"。[125]卷2《本政》,p141 曹魏时期徐干、仲长统和刘廙等强调名从于实,并且主张不必重视舆论,不要纵容朋党。唐长孺先生认为这些议论都在支持曹操所行的政策。[5]p295 曹操提出唯才是举,取士理念及于"负污辱之名,见笑之行,或不仁不孝而有治国用兵之术"之辈。[39]卷1《武帝纪》,p49 唐长孺先生在《魏晋才性论的政治意义》中指出:"才性论所研究的问题为才与性的涵义以及操行与才能的关系。所以能成为当日论题重心者是因为与实际的选举制度有关,特别是与曹操的'唯才是举'政策有关,所以魏、晋间的才性论不是空谈而是从实际政治出发又归宿于实际政治的命题。其目的是巩固新兴的政权。"[5]p296 在两晋之际的动荡局势下,葛洪重新论证才性问题,也是和现实政治有着密切的关系。在葛洪的论述中,以"明"指代"才",以"仁"指代"德"。葛洪的舍仁用明主张和曹操重才轻德政策有着内在一致性,也是这一时期才性命题的具体化。《抱朴子外篇》卷37《仁明》篇的言论与徐干《中论·智行》有类似之处,陈汉章曰:"案:此篇本徐干论仁智之先后。"[3]p220

葛洪认为,人才以适合世用为标准,用人者要根据时势需要灵活使用:

> 人才无定珍,器用无常道。进趋者以适世为奇,役御者以合时为妙。[3]卷39《广譬》,p332

葛洪以适世有用为人才,表明人才标准有相对性。特别是葛洪强调用人者要"以合时为妙",和曹操的"治平尚德行,有事尚功能"的观点一致。曹操曾说:"吾任天下之智力,以道御之,无所不

第七章 循名责实的人才路线

可。"[39]卷1《武帝纪》,p26 这个"道"赵翼解释为"以权术相驭"的用人之道,[65]p110 实际上这是曹操包括葛洪在内黄老因循随时理念的一个体现。

儒家孔子的政治思想以仁礼为核心,评价人物以德为先。孔子说:"弓调而后求劲焉,马服而后求良焉,士信悫而后求智焉。士不信悫而有多智能,譬之其豺狼也,不可以身近也。"[109]孔子认为德先于才,鄙弃无德之才:"如有周公之才之美,使骄且吝,其余不足观也已矣。"[50]p104 而葛洪认为才重于德,明高于仁:

> 三光垂象者,乾也;厚载无穷者,坤也。乾有明而兼仁,坤有仁而无明,卑高之数,不以邈乎!……蜎飞蠕动,亦能有仁,故其思爱弘于长育,哀伤著于啁噍。然赴坑窜而无猜,入罻罗而不觉,有仁无明,故并趋祸而攸失。[3]卷37《仁明》,p220

这是说,天之所以尊,就在于天有仁而兼明,地之所以卑,地有仁而无明,物之所以为贱,人之所以为贵,就在于动物虽有仁而无明,人有仁且明,故明高于仁。葛洪又认为,仁德可力为而聪明不能轻易学得:

> 仁在于行,行可力为;而明入于神,必须天授之才,非所以训故也。[3]卷37《仁明》,p236

> 尔则明者才也,仁者行也。杀身成仁之行可力为而至,鉴玄测幽之明难妄假。精粗之分,居然殊矣。[3]卷37《仁明》,p228

葛洪还认为,历史的进步,文明的演进,应归功于明:

> 炽潜景以易咀生,结栋宇以免巢穴,选禾稼以代毒烈,制衣裳以改裸饰,役舟楫以济不通,服牛马以息负步,序等威以镇祸乱,造器械以戒不虞,创书契以治百官,制礼律以肃风教,皆大明之所为,非偏人之所能辩也。[3]卷37《仁明》,p223

正是对聪明才智的极端重视,所以葛洪认为:"仁可时废,而明不可无也。"[3]卷37《仁明》,p229 治国可以无仁,而不可以无明:

> 夫体不忍之仁,无臧否之明,则心惑伪真,神乱朱紫,恩算不

分，邪正不识，不逮安危，则一身之不保，何暇立人以济物乎？[3]卷37《仁明》，p228

他举出周公、石碏、汤武的例子说明以明克仁、舍仁用明而兴邦定国：

> 昔姬公非无友于之爱，而涕泣以灭亲；石碏非无天性之慈，而割私以奉公。盖明见事体，不溺近情，遂为纯臣。以义断恩，舍仁用明，以计抑仁。仁可时废，而明不可无也。汤、武逆取顺守，诚不仁也；应天革命，以其明也。[3]卷37《仁明》，p228

因此治国要重才轻德。葛洪提醒人们注意鉴别那些有德无才的人：

> 士有孝友温淑，恂恂平雅，履信思顺，非礼不蹈，安困洁志，操清冰霜；而疏迟迂阔，不达事要，见机不作，所为无成，居己梁倡，受任不举。盖难分之八也。[19]卷22《行品》，p552

> 士有含弘旷济，虚己受物，藏疾匿瑕，温恭廉洁，劳谦冲退，救危全信，寄命不疑，托孤可保；而纯良暗权，仁而不断，善不能赏，恶不忍罚，忠贞有余，而干用不足，操柯犹豫，废法效非，枉直混错，终于负败。盖难分之十也。[19]卷21《清鉴》，p554

因为葛洪重德轻才，所以他对有德无才的人比较鄙视，这与儒家传统很是不同。

关于葛洪的仁明先后说与传统儒家学说的歧异，清俞樾在《曲园集纂》二十五《读抱朴子》中予以辩驳：

> 《仁明》篇："门人共论仁明之先后，各据所见，乃以谘余。余告之曰：'三光垂象者，乾也；厚载无穷者，坤也。乾有仁而兼明，坤有仁而无明，卑高之数，不以邈乎！'"樾谨按：抱朴之意，以仁可以力为，而明必由天授，故谓明居仁上，篇末又杂引孔子曰："聪明神武。"不云聪仁。"昔者明王之治天下。"不曰仁王。《春秋传》："明德惟馨"不云仁德。《书》云："元首明哉！"不曰仁哉；以证明其意。要皆曲说也。抱朴固非经生，于经义所得殊浅。其实，明不得先仁，在《论语》固有明证。何也？孔子论令尹子文、陈文子，皆曰："未知，焉得仁？"则知浅而仁深，知卑而仁高，

大可见矣。《释文》曰："知,郑(玄)音智。"《汉书·人表(序)》引此语,师古《注》曰："智者虽能利物,犹不及仁者所济远也。"师古此义,必是康成旧说。抱朴不知此旨,故以明居仁之上,殊非正论。[3]p785

俞樾认为葛洪舍仁用明的说法离经叛道,是因为葛洪"固非经生,于经义所得殊浅"。其实葛洪与曹操都处在一个急剧动荡的时代,重才轻德主要是为了迅速聚拢戡乱治国人才而言的,葛洪认为:"介洁而无政事者,非拨乱之器。"[3]卷38《博喻》,p238反映了要求迅速结束动乱局面重建一统皇权的迫切愿望。葛洪与曹操的重才轻德,突破儒家取人以德为先的固定格式,当然也不是拒德,只是强调才在德先。

葛洪对聪明才智的重视,具体表现为两个方面。一方面主张取人用人以才能为标准,不重出身资历,要破格提拔人才;另一方面主张不以道德标准苛责于人,对有才能的人要弃瑕录用。葛洪的人才路线体现出注重实用、循名责实的特点。

葛洪坚决反对以门第高下和出身贵贱来限制人才的选用。杨向奎先生在《论葛洪》中指出:"实际上他所以赞扬魏武不仅因为魏武严峻简易的作风,还有他奖掖寒素,提拔新人的一方面。"[13]p53这种判断是正确的。葛洪说:

> 锐锋产乎钝石,明火炽乎暗木,贵珠出乎贱蚌,美玉出乎丑璞。是以不可以父母限重华,不可以祖祢量卫、霍也。[3]卷38《博喻》,p287

主张一个人只要有才华,不论其出身何等贫寒,地位何等微贱,都应当大力提拔:

> 才诚足委,不拘于屠钓;言审可施,抽之于戎成。或举于牛口之下,而加之群僚之上;或拔于桎梏之中,而任以社稷之重。[19]卷20《名实》,p494

这是对九品中正制门第标准的否定。葛洪提出君主用人要以"职尽其才，禄称其功"为原则，[19]卷11《贵贤》,p312 而不是以资历为依据。《抱朴子外篇》卷29《接疏》篇，集中论述破格提拔人才的意义：

> 若以沈抑而可忽乎？则姜公不用于周矣。若以疏贱而可距乎？则毛生不贵乎赵矣。若积素行乃托政，则宁戚不显于齐矣。若贵宿名而委任，则陈、韩不录于汉矣。明者举大略细，不忮不求。故能取威定功，成天平地。岂肯称薪而爨，数粒乃炊，并瑕弃璧，披毛索靥哉！[3]卷29《接疏》,p61

葛洪这种打破资历限制的主张，和曹操"拔出细微，登为牧守者，不可胜数"的用人路线是一致的。[39]卷1《武帝纪》,p54 葛洪的人才品藻思想也强调，品藻的关键是识别选拔底层有才之士：

> 且夫所贵，贵乎见俊才于无名之中，料逸足乎吴坂之间，掇怀珠之蚌于九渊之底，指含光之珍于积石之中。若伯喈识绝音之器于烟烬之余，平子剔逸响之竹于未用之前。[3]卷21《清鉴》,p529

葛洪不但主张用人打破门第出身限制，而且还主张给予有才能的人足够高的职权，打破门阀对高层职位的垄断：

> 官卑者，稷、离不能康庶绩；权薄者，伊、周不能臻升平。[3]卷38《博喻》,p247

> 才远而任近，则英俊与庸琐比矣。[3]卷38《博喻》,p309

葛洪强调选拔人才要弃瑕录用，不能以道德标准斤斤计较。

> 小疵不足以损大器，短疵不足以累长才。日月挟虫鸟之瑕，不妨丽天之景；黄河含泥滓之浊，不害凌山之流。树塞不可以弃夷吾，夺田不可以薄萧何，窃妻不可以废相如，受金不可以斥陈平。[3]卷38《博喻》,p307

> 繁林翳荟，则羽族云萃；玄渊浩汗，则鳞群竞赴。德盛业广，则宅心者众；舍瑕录用，即远怀近集。[3]卷38《博喻》,p263

两晋之际的动荡局势，急需建功立业的人才，这是主张弃瑕录用、重才轻德的现实背景。

葛洪的重才轻德主张，落实到操作层面就是主张用考试的方式识别和选拔人才。葛洪感叹知人之难："洪以为知人甚未易。"[3]卷50《自叙》,p666"陶唐稽古而失任，姬公钦明而谬授。尼父远得崇替于未兆，近失澹台于形骸。延州审清浊于千载之外，而蔽奇士于咫尺之内。知人之难，如此其甚。"[19]卷21《清鉴》,p526 而考试是识别人的才能高低的最有效办法：

> 或曰："能言不必能行，今试经对策虽过，岂必有政事之才乎？"
>
> 抱朴子答曰："古者犹以射择人，况经术乎？如其舍旃，则未见余法之贤乎此也。夫丰草不秀堵土，巨鱼不生小水，格言不吐庸人之口，高文不堕顽夫之笔。故披《洪范》而知箕子有经世之器，览九术而见范生怀治国之略，省夷吾之书，而明其有拨乱之干，视不害之文，而见其精霸王之道也。今孝廉必试经无脱谬，而秀才必对策无失指，则亦不得暗蔽也。良将高第取其胆武，犹复试之以策，况文士乎？假令不能必尽得贤能，要必愈于了不试也。"[19]卷15《审举》,p407

葛洪认为考试方式虽然有短处，不是最好的办法，但是最不坏的办法，这也体现了他思想上注重实用而非迂阔的特点。考试内容是试经对策，本身排除了道德取人的因素，这是葛洪重才轻德思想落实到制度措施层面的一个具体表现。

葛洪认为严格履行这一考试制度，就能选拔到具有真才实学的贤能之士，"然未贡举之士，格以四科，三事九列，是之自出，必简标颖拔萃之俊"。[19]卷15《审举》,p382 为了防止考试作弊，葛洪提出要"重为之防"，[19]卷15《审举》,p416 "严试对之法，峻贪夫之防"。[19]卷15《审举》,p385

> 余意谓新年当试贡举者，今年便可使儒官才士，豫作诸策，计足周用。集上禁其留草殿中，封闭之；临试之时，亟赋之。人事因缘于是绝。当答策者，皆可会著一处，高选台省之官亲监察

之。又严禁其交关出入，毕事乃遣。违犯有罪无赦。如此，属托之冀窒矣。夫明君恃己之不可欺，不恃人之不欺已也。亦何耻于峻为斯制乎？[19]卷15《审举》，p417

葛洪的具体措施是严防试题泄露，考试临时抽题，严格监考措施。葛洪主张"明君恃己之不可欺，不恃人之不欺己"，其所依据的思想理念就是韩非子的法术思想："明主者，不恃其不我叛也，恃吾不可叛也；不恃其不我欺也，恃吾不可欺也。"[47]卷12《外储说左下》，p729葛洪主张严惩徇私舞弊："当令必绝其不中者勿署，吏加罚禁锢。其所举尽不中者，刺史太守免官，不中左迁。中者多不中者少，后转不得过故。若受赇而所举不当，发觉有验者除名，禁锢终身，不以赦令原，所举与举者同罪。"[19]卷15《审举》，p404葛洪的措施非常严苛，有人质疑失之过激："或曰：先生欲急贡举之法，但禁锢之罪，苛而且重，惧者甚众。夫急辔繁策，伯乐所不为；密防峻法，德政之所耻。"[19]卷15《审举》，p410葛洪认为要矫正当前积重难返的名实不副流弊，必须因时制宜，严刑峻法：

　　务宽含垢之政，可以莅敦御朴，而不可以拯衰弊之变也。虎狼见逼，不挥戈奋剑，而弹琴咏诗，吾未见其身之可保也。燎火及室，不奔走灌注，而揖让盘旋，吾未见其焚之自息也。[19]卷15《审举》，p410

在贡举考试方面的严刑峻法主张，是葛洪一贯的法家倾向的一个表现。

以上葛洪的考试主张及严惩举措，与东晋之初晋元帝的考试实践完全一致，应当说葛洪了解这次政治活动。《抱朴子外篇·审举》中提及推行这一考试举措后发生的一个情况："今试用此法，治一二岁之间，秀、孝必多不行者，亦足以知天下贡举不精之久矣。"[19]卷15《审举》，p404根据《晋书》卷78《孔坦传》，可知这种情况发生在太兴三年之后：

　　先是，以兵乱之后，务存慰悦，远方秀孝到，不策试，普皆除署。至是,帝申明旧制,皆令试《经》,有不中科,刺史、太守免官。太兴三年,秀孝多不敢行,其有到者,并托疾。[1]卷78《孔坦传》,p2055

对照葛洪的考试建议可以发现,葛洪的主张完全是配合了晋元帝时期的人才选拔政策。葛洪的考试建议是循名责实人才路线的一个体现。

第八章

兼顾政治责任和个人价值的隐逸思想

《抱朴子外篇》中除了论述治国的内容外,还有大量的关于士人如何立身处世的论述。葛洪曾经"撰高士不仕者为《隐逸传》十卷",[3]卷50《自叙》,p698《抱朴子外篇》以《嘉遁》和《逸民》冠篇,表明葛洪对隐逸独立价值的关注。两晋之际社会动荡,葛洪"生值多难之运,乱靡有定,干戈戚扬,艺文不贵",[26]卷19《退览》,p331他数数拒绝入仕,以隐士自居。但政治秩序的重建又需要士人的参与和支持,所以葛洪要求隐士必须承担立德特别是立言助教的政治责任,针对法家的隐逸无用观点,葛洪进行反驳,葛洪认为出处一致。隐逸既可以达到全身远害的目的,又可以立言不朽,这就是葛洪强调的身名并全的人生价值,体现出儒道互补的性质。

一、对道家避害贵生思想的吸收:不仕而隐

从葛洪的生平履历看,他一生中"三仕三已",有明显的追求隐逸的特征,其《自叙》称:"洪少有定志,决不出身。每览巢、许、子州、北人、石户、二姜、两袁、法真、子龙之传,尝废书前席,慕其为人。"[3]卷50《自叙》,p710这说明葛洪早年即有不仕志向。

葛洪一生中大的有三次入仕和三次退隐经历。第一次葛洪二十

一岁的时候参与镇压张昌石冰之乱,被江东大族顾秘任命为将兵都尉,因功迁为伏波将军。事平之后葛洪主动辞职,急流勇退:"事平,洪投戈释甲,径诣洛阳,欲广寻异书,了不论战功。窃慕鲁连不受聊城之金,包胥不纳存楚之赏,成功不处之义焉。"[3]卷50《自叙》,p687 这里葛洪强调的"成功不处"观念,以及《抱朴子外篇》卷49《知止》篇专门论述的知止观念,都来自道家。《老子》第二章:"功成而弗居。"[55]p64

第二次是葛洪在荆襄期间受嵇含的邀请而为广州刺史参军,后嵇含遭到暗杀,葛洪隐居罗浮山,拒绝各种入仕机会。《葛洪传》载:"洪见天下已乱,欲避地南土,乃参广州刺史嵇含军事。及含遇害,遂停南土多年,征镇檄命一无所就。后还乡里,礼辟皆不赴。"[1]卷72《葛洪传》,p1911 其《自叙》也载这次隐居罗浮山期间不肯应聘的原因:"频为节将见檄用,皆不就。永惟富贵可以渐得,而不可顿合,其间屑屑,亦足以劳人。且荣位势利,譬如寄客,既非常物,又其去不可得留也。隆隆者绝,赫赫者灭,有若春华,须臾凋落。得之不喜,失之安悲?悔吝百端,忧惧兢战,不可胜言,不足为也。"[3]卷50《自叙》,p689

第三次是司马睿渡江后,葛洪参与司马睿丞相府的百六掾集团,后来又在王导丞相府供职,直至晋成帝时期再次辞职南下,晚年隐居广州罗浮山终老。

葛洪还与两晋时期的著名隐士人物有交往,《葛洪传》载葛洪与隐士郭文、何准的接触情形:"于余杭山见何幼道、郭文举,目击而已,各无所言。"[1]卷72《葛洪传》,p1911 这里所谓"目击",应是葛洪与何幼道(何准)、郭文举(郭文)相契于心、神交之意,因为葛洪一生与人接触无数,而与郭文、何准的目击之事,《晋书》本传特别予以记载,应当别有深意。另外《晋书·郭文传》载葛洪和顾飏一起去山中看望郭文,旁证葛洪与郭文的关系不限于目击无言:"郭文字文举,河内轵人也。少爱山水,尚嘉遁。……余杭令顾飏与葛洪共造之,而携与俱归。……葛洪、庾阐并为作传,赞颂其美云。"[1]卷94《郭文传》,p2440 郭文去世以后,葛洪还为之作传,称赞其美。这说明葛洪对于其隐逸行为的赞赏。同样葛洪所神交钦重的人物何准也是高尚不仕典型,《晋书·何准传》载:"何准字幼道,穆章皇后父也。高尚寡欲,弱冠知名,州府交辟,并不就。"[1]卷93《何准传》,p2417《葛洪传》在不长的传文中着重提及葛洪与两大隐士的交往,正是暗示葛洪一生与隐逸的不解之缘,可与《抱朴子外篇》中反复论证隐逸的价值相印证。《抱朴子外篇》五十卷十余万言,即以《嘉遁》和《逸民》冠篇。

葛洪之所以选择不仕而隐,与他的时遇观念有一定关系。《论语·子路》中感叹从政困难:"人之言曰:'为君难,为臣不易。'"[50]176《抱朴子外篇》卷8《时难》篇,葛洪将从政困难具体归结为"时遇"因素。个人从政建功立业必须时遇:"淇卫忘归,不能无弦而激远;振尘之音,不能无器而兴哀。超俗拔萃之德,不能立功于未至之时。"[3]卷39《广譬》,p353 而时遇又超出了个人主观努力范围之外,不是个人智力所能控制:"时命不可以力求,遭遇不可以智违。"[3]卷38《博喻》,p312 所以《抱朴子外篇》卷19《任命》篇,主旨即"认命",听天由命。个人仕隐要根据时遇情况,能做的只是等待和观察时势:"一抑一扬者,轻鸿所以凌虚也;乍屈乍伸者,良才所以俟时也。"[3]卷39《广譬》,p361 "运屯,则沈沦于勿用;时行,则高竦乎天庭。"[19]卷19《任命》,p478 有黄老随时的特色。《淮南子·氾论训》也是强调"时"的重要:"一世之间,而文武代为雌雄,有时而用也。"[88]卷13《氾论训》,p1381 这种思想直接为葛洪继承,葛洪认为战乱的时候是武人的天下,文儒发挥作用须等到和平时期:"夫寒暑代谢,否终则泰,文武迭贵,常然之数也。"[19]卷3《勖学》,p137 "武夫勇士,无用乎晏如之世;硕生逸才,不贵乎力竞之运。"[3]卷38《博喻》,p308 两晋之际的战乱形势显然不利于文人出身。

葛洪强调的"时遇",实质是明君的出现:"君子藏器以有待也,稸德以有为也,非其时不见也,非其君不事也,穷达任所值,出处无所系。"[19]卷19《任命》,p480 "潜灵俟庆云以腾竦,栖鸿阶劲风以凌虚,素鳞须姬发而跃,白雉待公旦而来,姜老值西伯而投磻溪之纶,韩、英遭汉高乃骋拨乱之才。"[3]卷39《广譬》,p321 葛洪感叹"明主不世而出",[19]卷8《时难》,p296 说服取信君主困难:"夫以贤说圣,犹未必即受,故伊尹干汤,至于七十也。以智告愚,则必不入,故文王谏纣,终于不纳也。"[19]卷8《时难》,p298 葛洪这里所举事例,袭取了《韩非子》中的说辞:"故曰以至智说至圣,未必至而见受,伊尹说汤是也。以智说愚必不听,文王说纣是也。故文王说纣而纣囚之。"[47]卷1《难言》,p52 因此葛洪感叹时遇难得:"悲夫,时之难遇也,如此其甚哉!由兹以言,吾知渭滨吕尚之俦,岩间傅说之属,怀其王佐之器,抱其逸世之材,秉竿拥筑,老死于庸儿之伍,而遂不遭文王、高宗者,必不訾矣。"[19]卷8《时难》,p298 葛洪对于时遇的慨叹,历来比较普遍。《荀子·宥坐》:"夫遇不遇者,时也;贤不肖者,材也;君子博学深谋不遇时者多矣!"[109]卷20《宥坐》,p1118《韩诗外传》:"贤不肖者材也。遇不遇者时也。今无有时,贤安所用哉?"[126]卷7第六章,p244

从政不但时遇难得,而且从政本身又特别凶险,这是葛洪最终选择不仕而隐的重要原因。两晋之际时局动荡,少有宁日,在这血雨腥风的几十年中,名士如张华、裴頠、潘岳、陆机、陆云、郭璞、嵇含等相继惨遭杀害,江南世家大族周氏、沈氏等也举族而亡。葛洪即指出政治漩涡的凶险:

> 或智小败于谋大,或辕弱折于载重,或独是陷于众非,或尽忠讦于兼会,或唱高箄而受晁错之祸,或竭心力而遭吴起之害。故有跼高蹐厚,犹不免焉。公旦之放,仲尼之行,贾生逊摈于下土,子长熏胥乎无辜,乐毅平齐,伍员破楚,白起以百胜拓疆,文子以九术霸越,韩信功盖于天下,黥布灭家以佐命,荣不移晷,辱已及之。不避其祸,岂智者哉![3]卷49《知止》,p594

这些因素促使葛洪思想中道家的明哲保身观念占了上风:"夫值明时

则优于济四海,遇险世则劣于保一身。"[3]卷49《知止》,p609 当然葛洪也援用儒家的孝道观念作为明哲保身的一个依据:"夫七尺之骸,禀之所生,不可受全而归残也。"[19]卷1《嘉遁》,p44 但儒家原则上是轻身重义:"轻身重义之节,欢忧礼乐之事,经世济俗之略,儒者之所务也。"[26]卷10《明本》,p178 所以葛洪对儒家为了功名利禄而伤害生命的表现进行否定,他的明哲保身思想主要来自道家。葛洪对积极进取而异化沦落为政治工具的现象进行批判和否定:

> 若夫要离灭家以效功,纪信赴燔以诳楚,陈贾刎颈以证弟,仲由投命而菹醢,嬴门伏剑以表心,聂政感惠而屠葅,荆卿绝膑以报燕,樊公含悲而授首,皆下愚之狂惑,岂上智之攸取哉![19]卷1《嘉遁》,p29

> 身与名难两济,功与神尠并全。支离其德者,苦而必安;用以适世者,乐而多危。故鸷禽以奋击拘絷,言鸟以智慧见笼,琼瑶以符采剖判,三金以琦玩冶铄,兰茝以芬馨剪刈,文梓以含音受伐。是以翠虬睹化益而登玄云,灵凤值孟戏而反丹穴。子永叹天伦之伟,漆园悲被绣之牺。[3]卷38《博喻》,p266

因此为了保全性命,要见机行事,不贪恋权位:"识机神者,瞻无兆而弗惑;暗休咎者,触强弩而不惊。"[19]卷19《任命》,p477 要摆脱这种被当作政治工具利用的状态:

> 逸麟逍遥大荒之表,故无机穽之祸;灵鸰振翅玄圃之峯,以违罝罗之患。何必曲穴而永怀怵惕?何必衔芦而惨惨畏容?故充乎宰割之用者,必爱乎刍豢者也;给乎煎熬之膳者,必安乎庭粒者也。[3]卷38《博喻》,p275

> 盖至人无为,栖神冲漠,不役志于禄利,故害辱不能加也;不蹈时于险途,故倾坠不能为患也。[19]卷1《嘉遁》,p23

所以为了生命免受伤害,葛洪特别论述知足退让的重要性。而这种思想主要来自道家。《老子》第四十六章:"祸莫大于不知足。"[55]p244《老子》第四十四章:"知足不辱,知止不殆,可以长久。"[55]p239《抱朴子外篇·知止》篇集中表达了这种思想:"祸莫大于无足,福无厚乎知止。抱盈居冲者,必全之筭也;宴安盛满者,难保之危也。"[3]卷49《知止》,p586 "盖知足者,常足也;不知足者,无足也。常足者,福之所赴也;无足者,祸之所钟也。"[3]卷49《知止》,p605 知止知足是转向隐逸的一步。葛洪对比入仕立功的凶险和知止退让的高明:"若范公泛艘以绝景,薛生逊辞以全洁,二疏投印于方盈,田豫释绂于漏尽。进脱亢悔之咎,退无濡尾之吝,清风足以扬千载之尘,德音足以祛将来之惑。方之陈、窦,不亦邈乎?"[3]卷49《知止》,p591 葛洪认为像范蠡等人功成身退,保全了身和名,而像陈蕃、窦武之类死于政治斗争则很不足取。范蠡是黄老思想形成和发展过程中一位重要人物,他既有治国谋略,又能明哲保身,正是黄老之学治国治身并重的体现。葛洪十分推崇范蠡,说明他们思想上的一致性。

葛洪"其《外篇》言人间得失,世事臧否",[3]卷50《自叙》,p698 但葛洪却不轻易臧否时人:"洪自有识以逮将老,口不及人之非,不说人之私,乃自然也。……故无毁誉之怨。"[3]卷50《自叙》,p676 也是出于保全性命的考虑。虽然葛洪《正郭》篇中批评郭泰,但葛洪与郭泰的不危言覈论的做法一致。《资治通鉴·灵帝纪》载:"泰虽好臧否人伦,而不为危言覈论,故能处浊世而怨祸不及焉。"[38]卷56《汉纪四十八》"灵帝建宁二年"(196),p1820 议论别人长短容易惹祸。《三国志·李通传》注引李秉《家诫》中有典型反映:"上曰:'……然天下之至慎,其惟阮嗣宗乎!每与之言,言及玄远,而未曾评论时事,臧否人物,真可谓至慎矣。'吾每思此言,亦足以为明诫。凡人行事,年少立身,不可不慎,勿轻论人,勿轻说事,如此则悔吝何由而生,患祸无从而至矣。"[39]卷18《李通传》,p536 葛洪不臧否人物有性格遗传上的原因,更多地是观察到这样容易引起祸患:"每见世人有好论人物者,比方伦匹,未必允当,而褒贬与夺,或失准格。见誉者自谓己分,未必信德也。见侵者则恨之入骨,剧于血雠。洪益以为戒,遂不复言及士人矣。"[3]卷50《自叙》,p678 "汉末俗弊,朋党分部。许子将之徒,以口舌取戒,争讼论议,门宗成雠,故汝南人士无复定价,而有月旦之评。魏武帝亦深疾之,欲取其首,尔乃奔波亡走,殆至屠灭。前鉴不远,可以得师矣。"[3]卷50《自叙》,p680 葛洪吸取了臧否人物招来祸患的教训。

葛洪的明哲保身思想,对于生命的重视和探讨,演化为对于长生之术的追求:"古人有言曰,生之于我,利亦大焉。论其贵贱,虽爵为帝王,不足以此法比焉。论其轻重,虽富有天下,不足以此术易焉。故有死王乐为生鼠之喻也。"[26]卷14《勤求》,p259 葛洪的长生不死信仰在《抱朴子内篇》中有专门论述,这里不再展开。

葛洪选择不仕而隐,主要是吸收了道家的避害贵生思想。

二、回应法家的隐士无用论:出处同归

《抱朴子外篇》追求隐逸不仕;但士人不为现实政治服务,无臣为君主效力,逻辑上会出现君主无法维持统治的结果,所以隐士面临强大的指责和压力:"洁身而忽大伦之乱,得意而忘安上之义。"[19]卷1《嘉遁》,p17 "昔狂狷、华士义不事上,隐于海隅,而太公诛之。吾子沈遁,不亦危乎!"[19]卷2《逸民》,p68 这是主张通过重建强大皇权来恢复社会政治秩序的葛洪必须回答的一个重大问题。

儒家强调士人入仕为现实政治服务,承担一定的政治责任。《论语·微子》:"子路曰:'不仕无义,长幼之节,不可废也;君臣之义,如之何其废之!欲洁其身,而乱大伦。'"[50]p251 所谓大伦,即个人所要承担的政治和社会责任。但孔子也有条件的赞成隐逸不仕。《论语·微子》:"子曰:'不降其志,不辱其身,伯夷、叔齐与!'"[50]p252 另外《论语·卫灵公》:"子曰:'……君子哉,蘧伯玉!邦有道,则仕。邦无道,则可卷而怀之。'"[50]p209 孟子也不反对隐逸。

《荀子·非十二子》中明确反对和排斥隐

士。[109]卷3《非十二子》,p222 荀子的得意门生韩非子的反隐士态度更为激烈,《韩非子·奸劫弑臣》中说:"古有伯夷、叔齐者,武王让以天下而弗受,二人饿死首阳之陵。若此臣者,不畏重诛,不利重赏,不可以罚禁也,不可以赏使也,此之谓无益之臣也。"[47]卷4《奸劫弑臣》,p294 即是说惩罚、奖赏对隐士不起作用,统治者无法利用他们,因而是无益之臣。韩非子极力怂恿君主一定要杀掉隐士而后快。在《韩非子·外储说右上》中列举狂矞、华士两个隐士人物,他们宣扬说:"吾不臣天子,不友诸侯,耕作而食之,掘井而饮之,吾无求于人也。无上之名,无君之禄,不事仕而事力。"[47]卷13《外储说右上》,p769 太公望到了齐国第一件事就是收杀他们,至于罪名,韩非子假借太公望之口说:

> 彼不臣天子者,是望不得而臣也。不友诸侯者,是望不得而使也。耕作而食之,掘井而饮之,无求于人者,是望不得以赏罚劝禁也。且无上名,虽知,不为望用;不仰君禄,虽贤,不为望功。不仕则不治,不任则不忠。且先王之所以使其臣民者,非爵禄则刑罚也。今四者不足以使之,则望当谁为君乎?不服兵革而显,不亲耕耨而名,又所以教于国也。今有马于此,如骥之状者,天下之至良也。然而驱之不前,却之不止,左之不左,右之不右,则臧获虽贱,不托其足。臧获之所愿托其足于骥者,以骥之可以追利辟害也。今不为人用,臧获虽贱,不托其足焉。已自谓以为世之贤士,而不为主用,行极贤而不用于君,此非明主之所臣也,亦骥之不可左右矣,是以诛之。[47]卷13《外储说右上》,p769

姜尚杀掉隐士的核心理由是认为隐士无用,没有政治价值;隐士的示范效应会导致君主无法行使权力。韩非子假借太公望对狂矞、华士定的罪名,体现了法家的反隐逸立场。法家对士人"逼以在朝"。[19]卷2《逸民》,p71《战国策·齐策》里还有一个抨击隐士陈仲子的例子,态度与韩非子毫无二致。

《抱朴子外篇》追求隐逸不仕,与法家专制主义的编户齐民政策存在严重冲突。《抱朴子外篇》一方面吸收了法家大量的治国思想,另一方面又对法家的反隐逸观点予以驳斥和回应。虽然《抱朴子外篇》卷2《逸民》篇中葛洪批驳太公望诛杀隐士的事例不著出典,但靶子明显就是《韩非子》中的反隐逸观点。葛洪驳斥法家的反隐逸观点,相当一部分沿用了王充《论衡》中《非韩》篇的内容。[83]卷10《非韩》,p435

法家对隐逸的指责包括隐逸导致无臣和隐士涉嫌不臣两个方面,葛洪一一进行了回应。

法家提出如果大家都来当隐士,朝廷就没有可用人才,君主统治就无法维持:"俊民全其独善之分,而使圣朝乏乎元凯之用。"[19]卷1《嘉遁》,p6"夫有唐所以巍巍,重华所以恭己,西伯所以三分,姬发所以革命,桓、文所以一匡,汉高所以应天,未有不鼓群贤为六翮,托豪杰为舟楫者也。若令各守洗耳之高,人执耦耕之分,则稽古之化不建,英明之盛不彰,明良之歌不作,括天之网不张矣。"[19]卷1《嘉遁》,p11葛洪指出隐士只是极少数,大部分人都热衷于仕途,个别人选择隐逸并不会导致君主无臣的局面:"经世之士,悠悠皆是,一日无君,惶惶如也。譬犹蓝田之积玉,邓林之多材,良工大匠,肆意所用。亦何必栖鱼而沈鸟哉!"[19]卷2《逸民》,p86葛洪指出,所谓隐士的不良示范效应也很有限,世俗之人"躁于进趋",真正去仿效隐士的人极少,"忘富遗贵之士,犹不能居万分之一"。强迫让世俗之人学习隐士也不管用,"凡民虽复笞督之,危辱之,使追狷、华,犹必不肯,乃反忧其坏俗邪"? 所以"恐其沮众"是没必要的。"放之未忧于官旷"[19]卷2《逸民》,p72残害隐士则会导致人才的离去:"夫倾庶鸟之巢,则灵凤不集;漉鱼鳖之池,则神虬遐逝;刳凡兽之胎,则麒麟不跱其郊;害一介之士,则英杰不践其境。"[19]卷2《逸民》,p69

法家认为隐士有不臣的嫌疑,属于无用之物:"仕人又曰:'隐遁之士,则为不臣,亦岂宜居君之地,食君之谷乎?'"[19]卷2《逸民》,p100"潜退之士,得意山泽,不荷世贵,荡然纵肆,不为时用,……诚为天下

第八章 兼顾政治责任和个人价值的隐逸思想

无益之物。"[19]卷2《逸民》,p90 葛洪认为凡在一国境内,都属于臣子,将隐士比喻为君主的资源性财产:"'率土之滨,莫匪王臣'可知也。在朝者陈力以秉庶事,山林者修德以厉贪浊,殊塗同归,俱人臣也。""夫山之金玉,水之珠贝,虽不在府库之中,不给朝夕之用,然皆君之财也。退士不居肉食之列,亦犹山水之物也,岂非国有乎?"[19]卷2《逸民》,p101

葛洪论证隐士价值的基本依据,更多的是援引了儒家的"三立"传统观念。《左传》襄公二十四年:"豹闻之:大上有立德,其次有立功,其次有立言,虽久不废,此之谓不朽。"[70]p1003 承担政治责任的内容多样性为士人自由选择的灵活性提供了便利。《易·系辞》上:"子曰:'君子之道,或出或处。或默或语。'"[127]p276 又下:"子曰:'……天下同归而殊途,一致而百虑。'"[127]p304 葛洪指出,除了立功,隐士可以通过立德立言来承担社会政治责任,立德、立言的政治价值不亚于立功。所以出处一致,殊途同归:"其静也,则为逸民之宗;其动也,则为元凯之表。或运思于立言,或铭勋乎国器。殊塗同归,其致一焉。"[19]卷19《任命》,p481"妍姿媚貌,形色不齐,而悦情可均;丝、竹、金、石,五声诡韵,而快耳不异。缴飞钩沈,曾举置抑,而有获同功;树勋立言,出处殊涂,而所贵一致。"[19]卷38《博喻》,p289 在"纷扰日久,求竞成俗"的社会风气下,葛洪建议君主对卓然不群的隐士,"诚宜优访,以兴谦退也。"[19]卷2《逸民》,p82"可以阐弘风化,熙隆退让,厉苟进之贪夫,感轻薄之冒昧。"[19]卷2《逸民》,p72 发挥隐士的立德作用。

葛洪特别强调隐士也可通过立言助教有益于世:"穷览《坟》、《索》,著述粲然,可谓立言矣。"[19]卷2《逸民》,p87"非有出者,谁叙彝伦?非有隐者,谁诲童蒙?普天率土,莫匪臣民。亦何必垂缨执笏者为是,而乐饥衡门者可非乎!"[19]卷1《嘉遯》,p61 正是因为重视立言要为现实政治服务,所以葛洪强调立言要针砭时弊而不是歌功颂德,体现出强烈的功利实用主义特点:"夫制器者珍于周急,而不以采饰外形为善;立言者贵于助教,而不以偶俗集誉为高。若徒阿顺谄谀,虚美隐恶,岂所匡失弼违,醒迷补过者乎?"[3]卷42《应嘲》,p414 "不能拯风俗之流遁,世涂之凌夷,通疑者之路,赈贫者之乏。何异春华不为肴粮之用,苴蒉不救冰寒之急。古诗刺过失,故有益而贵;今诗纯虚誉,故有损而贱也。"[3]卷40《辞义》,p398-399 杨明照先生指出:"汉末至西晋各家诗作,单就登《选》楼者验之,如献诗、公讌、祖饯、游览、赠答、行旅、军戎诸类中篇什,率皆为文造情,以歌颂功德,粉饰升平。稚川评其'纯虚誉',绝不为过。"[3]p399 葛洪重视子书而轻视诗赋,反对虚构,立言宗旨侧重切合世用,这与王充、刘知几的言论颇相似。葛洪立言不惮"取憎在位,招摈于时",[3]卷42《应嘲》,p413 正因为葛洪认为"立言者贵于助教",[3]卷42《应嘲》,p414 所以《抱朴子外篇》在当时就被人称为"弹断风俗,言苦辞直"之作。[3]卷42《应嘲》,p413

葛洪还论证隐士的立德和立言并不比入仕者的立功为差:"盖士之所贵,立德立言。若夫孝友仁义,操业清高,可谓立德矣;穷览《坟》、《索》,著述粲然,可谓立言矣。夫善卷无治民之功,未可谓之减于俗吏;仲尼无攻伐之勋,不可以为不及韩、白矣。"[19]卷2《逸民》,p87 "是以宋墨、楚申,以载驰存国;干木、胡明,以无为折冲。"[19]卷38《博喻》,p302 所以葛洪要求君主尊重和因循隐士的特点,发挥隐士的独特政治价值:"苟有卓然不群之士,不出户庭,潜志味道,诚宜优访,以兴谦退也。夫使孙、吴荷戈,一人之力耳。用其计术,则贤于万夫。今令大儒为吏,不必切事。肆之山林,则能陶冶童蒙,阐弘礼教。"[19]卷2《逸民》,p82 所以葛洪抨击姜太公不知时变残杀隐士的行为:"夫攻守异容,道贵知变,而吕尚无烹鲜之术,拙致远之御,推战陈之法,害高尚之士。"[19]卷2《逸民》,p68 相比葛洪肯定和赞赏曹操对待隐士的宽容态度:"魏武帝亦刑法严峻,果于杀戮,乃心欲用乎孔明。孔明自陈不乐出身。武帝谢遣之曰:'义不使高世之士,辱于污君之朝也。'其鞭挞九有,草创皇基,亦不妄矣。"[19]卷2《逸民》,p80 (孔明指的是北方隐士胡昭,字孔明)曹操政治上一方面严刑峻法,另一方面尊重和宽容隐士,信仰上又认同神仙长生,这些与葛洪的立场完全一致,所以《抱朴子外篇》中数数表达出对曹操的赞颂。

葛洪认为隐士可以通过立德立言承担社会政治责任,而且隐士必须通过一定的形式为现实政治服务,不能逃脱身上的政治责任而做一个纯粹逍遥的隐士。葛洪对传统上的那种耿介隐士是不认同的:"昔夷、齐不食周粟,鲍焦死于桥上,彼之硁硁,何足师表哉!"[19]卷2《逸民》,p102 尤其是像庄子那样的本来担任世俗官职,却贬损政治责任和义务的现象,葛洪非常反感:"常恨庄生言行自伐,桎梏世业。身居漆园,而多诞谈。好画鬼魅,憎图狗马。狭细忠贞,贬毁仁义。可谓雕虎画龙,难以征风云;空板亿万,不能救无钱;孺子之竹马,不免于脚剥;土桦之盈案,无益于腹虚也。"[3]卷42《应嘲》,p411 葛洪对郭泰的不仕而隐也是不以为然,认为郭泰隐逸而没有承担应有的政治责任:"实欲扬名养誉而已。无救于世道之陵迟,无解于天民之憔悴。"因此郭泰"乃避乱之徒,非全隐之高"。[3]卷46《正郭》,p478 所以葛洪即使在仙道理论上,也是强调修仙要与承担社会政治责任相结合:"为道者当先立功德。""欲求仙者,要当以忠孝和顺仁信为本。若德行不修,而但务方术,皆不得长生也。"[26]卷3《对俗》,p53

葛洪追求隐逸不仕却强调隐士要承担立言助教的政治责任,打破"不在其位,不谋其政"的惯例,这种做法在当时已经让旁观者产生困惑:

> 客嘲余云:"……今先生高尚勿用,身不服事,而著《君道》、《臣节》之书;不交于世,而作讥俗、救生之论;甚爱骬毛,而缀用兵战守之法;不营进趋,而有《审举》、《穷达》之篇。蒙窃惑焉。"[3]卷42《应嘲》,p406

这说明质疑葛洪人格分裂的看法很早就已经产生了。葛洪的回答是:"君臣之大,次于天地。思乐有道,出处一情,隐显任时,言亦何系?大人君子,与事变通。老子无为者也,鬼谷终隐者也,而著其书,咸论世务。何必身居其位,然后乃言其事乎?"[19]卷42《应嘲》,p409 "余才短德薄,干不适治,出处同归,行止一致。岂必达官乃可议政事,居否则不可论治乱乎？"[19]卷42《应嘲》,p411 葛洪的回答,体现的正是黄老治国与治身并重的传统思维。

三、立言与身名并全的人生追求

葛洪认为隐士通过立德立言同样可以承担为现实政治服务的责任,而且选择隐逸还可以实现个人价值:除了可以避害明哲保身外,还可以保持人格和精神的独立,尤其重要的是立言可以留不朽之名于后世。隐逸能够达到身名并全的人生价值目的。

儒家注重精神价值和人格独立的传统也对葛洪的隐逸思想产生了影响。例如《孟子·告子章句上》:"有天爵者,有人爵者。仁义忠信,乐善不倦,此天爵也。公卿大夫,此人爵也。"[111]p315 孟子强调天爵高于人爵,也就是精神价值高于世俗价值。另外《荀子·修身》:"志意修则骄富贵,道义重则轻王公。"[109]卷1《修身》,p55 同样强调精神和道义的价值。孟子和荀子这种价值观念为葛洪所继承:"圣人之清者,孟轲所美,亦云天爵贵于印绶。志修遗荣,孙卿所尚,道义既备,可轻王公。"[19]卷2《逸民》,p87 因此葛洪将隐逸与保持人格独立联系起来:"立德践言,行全操清,斯则富矣,何必玉帛之并崇乎？高尚其志,不降不辱,斯则贵矣,何必青紫之兼拕也？"[3]卷39《广譬》,p320 隐逸实现的精神价值要比世俗官位更有意义:"天秩有罔极之尊,人爵无违德之贵。故仲尼虽匹夫,而飨祀于百代,辛、癸为帝王,而仆竖不愿以见比。商老身愈贱而名愈贵,幽、厉位弥重而罪弥著。故齐王之生,不及柳惠之墓,秦王之宫,未若康成之间。"[3]卷39《广譬》,p380 所以保持精神和人格独立成为葛洪隐逸思想的一个价值支点:"天爵苟存于吾体者,以此独立不达,亦何苦何恨乎？"[3]卷27《刺骄》,p41 葛洪对世俗荣华富贵的鄙弃,正是因为他思想上受到儒家注重精神价值传统的影响。不仕而隐能够实现和保持个人精神和人格的独立,这是《抱朴子外篇》追求隐逸的一个重要原因。

葛洪选择隐逸,还与他思想上另外一个重要价值观念关系密切,

第八章 兼顾政治责任和个人价值的隐逸思想

葛洪认为:"身名并全,谓之为上。"[19]卷2《逸民》,p87 认为既能明哲保身,又能扬名后世,这是最高的人生价值。追求身名并全是古已有之的价值观念,但各家内涵略有不同。《史记·蔡泽传》:"夫人之立功,岂不期于成全邪?身与名俱全者,上也。名可法而身死者,其次也。名在僇辱而身全者,下也。"[20]卷79《蔡泽传》,p2421 葛洪认为从政立功的方式很难保证身名并全,《知止》篇中即详细说明这一点:

> 且夫正色弹违,直道而行,打扑干纪,不虑雠隙,则怨深恨积。若舍法容非,属托如响,吐刚茹柔,委曲绳墨,则忠良丧败。居此地者,不亦劳乎!是以身名并全者甚希,而折足覆餗者不乏也。[3]卷49《知止》,p611

处身险恶复杂的政局中,如果完全按照儒家伦理标准行事,则可能招致杀身之祸;而如果同流合污、随波逐流,则会败坏自身的名声,所以葛洪认为入仕难以做到身名并全。这一观念在《嘉遁》篇中也有论述:

> 又欲推短才以厘雷同,仗独是以弹众非。然不睹金虽克木,而锥钻不可以伐邓林;水虽胜火,而升合不足以救焚山。寸胶不能治黄河之浊,尺水不能却萧丘之热。是以身名并全者甚稀,而先笑后号者多有也。[19]卷1《嘉遁》,p42

正因为葛洪强调身名并全的最高人生价值,而从政方式无法实现身名并全,所以他选择归隐立言的途径。《列子·说符》:"仁义使我身名并全。"[128]卷8《说符》,p266 而葛洪认为归隐立言才能实现身名并全:既可以避害明哲保身,又可以立言留不朽之名于后世。

正是追求身名并全的人生价值,立言著述成为葛洪最为看重的事业:"余所以绝庆吊于乡党,弃当世之荣华者,必欲远登名山,成所著子书,次则合神药,以规长生。"[26]卷4《金丹》,p86 在葛洪的心目中立言的重要性不亚于求仙长生。对自称"才非政事,器乏治民",[19]卷1《嘉遁》,p59"用不合时,行舛于世"的葛洪来说，[3]卷50《自叙》,p721立言是实现个人价值、留名后世的最好办法,所以他年轻时就发愤要"立一家之言",[3]卷50《自叙》,p697《自叙》中他说立言是他的人生追求:"洪少有定志,决不出身。每览巢、许、子州、北人、石户、二姜、两袁、法真、子龙之传,尝废书前席,慕其为人。念精治《五经》,著一部子书,令后世知其为文儒而已。"[3]卷50《自叙》,p710葛洪无比尊崇王充,这里的"文儒"的观念来自王充《论衡·书解》:

> 著作者为文儒,说经者为世儒,二儒在世,未知何者为优。……世儒业易为,故世人学之多,非事可析第,故官廷设其位。文儒之业,卓绝不循,人寡其书,业虽不讲,门虽无人,书文奇伟,世人亦传。彼虚说,此实篇,折累二者,孰者为贤?[83]卷28《书解》,p1150

王充认为文儒胜过世儒,实际上是强调立言著述的价值和意义。

葛洪以文儒自任,把立言著述当作终身事业,因为立言可以留不朽之名于后世。葛洪对世务交游沽名钓誉的现象大加抨击,但并不彻底否定名。葛洪追求的是通过立言达到的不朽之名:"吾特收远名于万代,求知己于将来。"[3]卷49《重言》,p637葛洪说:"贤人悲寓世之倏忽,疾泯没之无称。"[19]卷3《勖学》,p124表明葛洪价值观念上继承和援引了孔子立言留名后世的思想。《论语·卫灵公》:"君子疾没世而名不称焉。"[50]p214《史记·孔子世家》:"子曰:'弗乎弗乎,君子病没世而名不称焉。吾道不行矣,吾何以自见于后世哉?'乃因史记作《春秋》。"[20]卷47《孔子世家》,p1943通过立言留不朽之名于后世,来实现人生价值,成为后世一个明显传统。魏文帝《典论·论文》宣称:"盖文章经国之大业,不朽之盛事。年寿有时而尽,荣乐止乎其身,二者必至之常期,未若文章之无穷。是以古之作者,寄身于翰墨,见意于篇籍,不假良史之辞,不托飞驰之势,而声名自传于后。"[57]《全三国文》卷8《典论·论文》,p1098葛洪正是继承了儒家这种立言留名的观念。葛洪指出立言可以求名得名,不用入仕就能实现:"夫仕也者,欲以为名邪?则修毫可以泄愤懑,篇章可以寄姓字,何假乎良史,何烦乎逸鼎哉!孟子不以矢石为功,扬云不以治民益世,求仁而得,不亦可乎?"[19]卷2《逸民》,p99 隐逸立言保证了以自由独立的方式实现个人价值。

正因为立言可以留名不朽,所以葛洪强调文学即文章著述对于士人的重要意义:"圣人实之于文,铸之于学;夫文学也者,人伦之首,大教之本。"[3]《抱朴子外篇佚文》,p757 葛洪批判了立言不如立德的流行看法:"且文章之与德行,犹十尺之与一丈。谓之余事,未之前闻。夫上天之所以垂象,唐、虞之所以为称,大人虎炳,君子豹蔚,昌、旦定圣谥于一字,仲尼从周之郁,莫非文也。"[3]卷32《尚博》,p113《抱朴子外篇》卷41《循本》篇专门论述文学和德行对士人同等重要:"玄寂虚静者,神明之本也。阴阳柔刚者,二仪之本也。巍峨岩岫者,山岳之本也。德行文学者,君子之本也。莫或无本而能立焉。"[3]卷41《循本》,p401 葛洪把立言与德行等量齐观。

正因为葛洪认为立言著述是士人的根本,所以士人必须立言才能实现自身价值:"积万金于箧匮,虽俭乏而不用,则未知其有异于贫窭。怀逸藻于胸心,不寄意于翰素,则未知其有别于庸猥。"[3]卷38《博喻》,p261 士人不立言就无法实现个人价值,这表明葛洪对立言留名不朽的极端重视,"孔郑之门,耳听口受者,皆已灭绝。唯托竹素者,可为世宝也。"[3]《抱朴子外篇佚文》,p752《抱朴子外篇》卷35《守塉》和卷36《安贫》都专门论述了为了潜心著述,舍弃人间事务的决心:"立不朽之言者,不以产业汩和;追下帷之绩者,不以窥园滑目。"[3]卷35《守塉》,p196 目的就是成就一家之言。

《抱朴子外篇》中不但主张士人必须立言,而且立言著述还必须要多,多多益善:"言少则至理不备,辞寡即庶事不畅。是以必须篇累卷积,而纲领举也。……积猗顿之财,而用之甚少,是何异于原宪也;怀无铨之量,而著述约陋,亦何别于琐碌也?"[3]卷43《喻蔽》,p433 葛洪这种观念受到王充《论衡·自纪》中的立言主张的影响:"盖要言无多,而华文无寡。为世用者,百篇无害;不为用者,一章无补。如皆为用,则多者为上,少者为下。累积千金,比于一百,孰为富者? 盖文多胜寡,财寡愈贫。世无一卷,吾有百篇;人无一字,吾有万言,孰者为贤?"[83]卷30《自纪》,p1202 葛洪身体力行了他的立言宗旨,"著述篇章富于班马"。[1]卷72《葛洪传》,p1913《四部正伪》中评论道:"洪以博洽名江左,身所著书殆六百余卷,自汉以来,称撰述亡盛于洪。"[3]p782 葛洪著述宏富,在政治上可以助教资治,承担士人的政治责任;在个人价值上,可以留不朽之名于后世。

《抱朴子外篇》关心个人价值的实现。不仕而隐可以避害明哲保身,隐逸立言又可以留名后世,这就是葛洪强调的身名并全的人生价值。葛洪的隐逸思想既吸收了道家的避害贵生内容,又继承了儒家的三不朽观念,隐士既可以通过立言助教资治来体现自身的政治价值,又可以实现身名并全的个人价值。这种隐逸观念体现了葛洪黄老治国治身并重、杂糅百家的特点。

第九章

结　语

《抱朴子外篇》50卷52篇,近十万言,内容驳杂琐碎,它所涵盖的政治思想内容过去一直没有理出清晰的条贯。关于《抱朴子外篇》的学派定性归属争议较大,有认为属于儒家的、法家的、道家的和杂家的等不同看法;关于它的内容上的支离和自相矛盾现象也一直没有得出令人满意的解释。本书主要沿着历史与思想相结合的思路,努力廓清《抱朴子外篇》政治思想的中心内涵以及它的学术特征等问题。

《抱朴子外篇》的创作大致从西晋惠帝永兴元年(304)至东晋成帝咸和五年(330),跨越西晋后期和东晋前期。《抱朴子外篇》"言人间得失,世事臧否",多切中时弊,并非迂阔不合时宜之谈,章学诚所谓"六经皆史也。古人不著书,古人未尝离事而言理,六经皆先王之政典也"。[129]卷1《易教上》,p1 杨明照先生指出,《抱朴子外篇》"既深刻,又生动,西晋的政治概况和社会风貌,皆历历在目。其观察之锐敏,笔锋之犀利,较诸干宝《晋纪总论》,有过之而无不及"。[19]p8 其实它还反映了东晋前期的时事政治。《抱朴子外篇》所要解决的时代课题,一方面是重建和加强皇权的问题,另一方面是在皇权之下士人保持自由独立的问题,表达了既要重建强大专制皇权又要保持士人自由独立的立场。

葛洪解决问题的思维方式受到黄老思想的影响。四库提要说《抱朴子外篇》"大旨以黄老为宗",[18]卷146子部道家类,p1946 以往学者未予充分注意。《抱朴子外篇》对《论衡》多有模仿,而王充治学特征明显受到黄老之学的影响。黄老道家在西汉初叶风靡朝野,之后虽然退出主流意识形态,但其因循随时、治国治身并重的精神基因却延续下来,汉魏之际的名法思想以及魏晋玄学思潮即吸收了很多黄老因循哲学的营养。黄老之学既关心治国问题,又关心治身问题,讲究因循随时,兼综百家,这些特点在《抱朴子外篇》中都有突出的表现。

分析《抱朴子外篇》的政治思想内容和性质,离不开对葛洪以及《抱朴子外篇》一些背景史实的考证分析,葛洪的家世门第、早年学术交往和游历都与他的政治思想的形成有一定关系。葛洪的家世门第属于中等士族,这种出身与他追求隐逸独立的思想有一定关系。葛洪的家学传统有崇尚渊博和内外兼修的特点。葛洪与黄老传统明显的江东顾氏家族关系密切。葛洪在镇压石冰之乱后积极入洛,反映了他对中原新学的仰慕,并非完全守旧的思想特征。葛洪北上逗留荆襄期间与嵇含以及荆州刺史刘弘等都有很深的交往,政治思想上与他们有很多近似之处。葛洪在两晋之交参与了晋元帝司马睿的丞相府百六掾统治集团,他思想上的法家倾向与晋元帝以法御下的政治路线是一致的。后来葛洪在王导府供事,与干宝深相亲友。这些都与《抱朴子外篇》政治思想特点的形成有一定关系。

《抱朴子外篇》政治理念上有明显的黄老因循随时特征。葛洪强调君主因循臣下之力,另外还主张因循人的自利本性,将做官和读书捆绑起来,学而优则仕,以此改变儒学不振的状况。《抱朴子外篇》适应两晋之际的丧乱时势,以黄老的因循随时理念为指导,吸收墨家的简化礼制主张和法家的严刑峻法措施。葛洪愤世嫉俗批判放达派背叛礼教,但《抱朴子外篇》在治国策略上不是儒家德治、仁政主张,而是黄老的因循随时之道。黄老之学本身有因循和融汇百家的特点,儒家只是作为《抱朴子外篇》中黄老所糅合众术中的一个术的地位存在。

《抱朴子外篇》围绕的一个中心议题是构建一个拥有足够权威的专制皇权。葛洪亲身经历西晋分崩衰亡和东晋江左中兴过程,动荡的时势以及门阀专政造成的主弱臣强局面都需要一个强大的专制皇权来恢复社会政治秩序。晋元帝司马睿曾经拉拢葛洪加入百六掾集团参与江左政权的经营筹建。陈寅恪先生在《东晋与江南士族之结合》一文中指出:"东晋为北来士族与江东士族协力所建。"[123]p145葛洪正是协力参与建设东晋政权的江东士族之一。《抱朴子外篇》把强化君权作为中心内容,以法家治国措施作为根本手段。葛洪反驳无君论而为君主的社会公共利益职能辩护,强调君主至上而反对强臣擅行废立君主,抨击汤武革命和伊霍废立行为,有法家的君主神圣不可侵犯色彩。葛洪还吸收法家独裁专制的御臣之术,强调严刑峻法,主张恢复肉刑,运用刑罚手段来矫正社会鄙俗。葛洪还主张继承传统分封措施来巩固君权。葛洪把人才得失作为国家兴亡的根源,他借批判"汉之过"和"吴之失"来探寻西晋覆亡的原因,把"失人"作为国家败亡的根源,而名实不符是失人的根本表现,葛洪提出循名责实的人才路线来矫正名实不符的积弊,明确提出重才轻德,不重品德和出身,特别是主张运用考试措施来选拔人才,力图为新兴政权迅速聚拢实干人才,类似曹操的唯才是举路线。

《抱朴子外篇》围绕的另一个中心议题是探讨皇权之下士人如何立身处世的问题。身为中等士族的葛洪面对时局动荡和政治凶险,为了保全性命和独立自由,选择不仕而隐;而针对法家的隐士无用观点,葛洪论证隐士可以通过立德立言为现实政治服务,出处同归。他要求皇权尊重隐士的独立人格和发挥他们的独特政治价值。葛洪的隐逸思想兼顾政治责任的承担和个人价值的实现,强调隐士同样要承担为现实政权服务的责任。葛洪认为隐逸可以避害明哲保身、保持人格和精神的独立,特别是立言著述可以留不朽之名于后世,这就是葛洪所追求的身名并全的最高人生价值,体现出儒道互补的特点。

《抱朴子外篇》学术特征上黄老之学占了主导地位。《抱朴子外篇》政治思想上既要建立一个强大的专制皇权,同时又要在皇权之下保持士人的自由独立;既关心治国内容又关心治身方面的内容,而这些重大问题的解决单靠儒学已经不能完全胜任。葛洪自称不是一个纯儒,他对纯儒班固不以为然:"固诚纯儒,不究道意,玩其所习,难以折中。"[26]卷10《明本》,p184《抱朴子外篇》的学术特征不能简单地以"儒"、"道"或"法"一概而论,它与《论六家要旨》中黄老道家的学术特征一致。许颖先生在《试论葛洪道教思想的折衷主义倾向》中认为,葛洪神仙道教思想带有较为明显的折衷主义倾向。[25]p53 折衷主义是公元前一世纪末在古希腊—罗马出现的一个思潮,[130]p8 其主要特征和黄老思想有类似之处。不仅葛洪的神仙道教思想体现出明显的黄老之学特点,他在政治思想上同样体现出黄老之学的影响。刘蔚华先生在《黄老所完成的历史性过渡》中指出:"黄老学为后人提供了一种行之有效的社会拨乱反正的模式和思维方式,每当中国社会面临这种社会状态时,这种模式就会以不同的形式再现。所以,黄老学的存在及其影响的价值,在于它能够引导社会完成由乱而治的过渡。"[33]p3 其实黄老之学不但可以用来解决治国问题,还也可以给士人提供一套安身立命的治身方案。

《抱朴子外篇》政治思想上对治国治身问题的兼顾态度以及努力实现二者的平衡,与玄学探讨的自然和名教的关系话题也有相近的地方。《抱朴子外篇》追求隐逸和个人价值的实现,同时兼顾政治责任的承担。余敦康先生指出:"玄学的主题是自然与名教的关系,道家明自然,儒教贵名教,因而如何处理儒道之间的矛盾使之达于会通也就成为玄学清谈的热门话题。"[131]p1 特别是大一统政治的瓦解给思想解放带来了契机,卞敏先生指出:"魏晋风度的核心是个体价值的发现。"[132]p42 魏晋时期追求隐逸成为风气,嵇康撰有《圣贤高士传赞》一书,皇甫谧也撰有《逸士传》一卷、《高士传》六卷,等等。《抱朴子外篇》对隐逸价值的追求,是这一时代普遍追求个人自由独立风气的一个反映。葛洪在隐逸观上强调出处同归,兼顾政治责任和个人价值,与黄老之学治身与治国并重的传统是一致的,也与东晋以后的礼玄双修风气有一致之处。唐长孺先生在《魏晋玄学之形成及其发展》中指出:"东晋以后名教与自然的关系已有较一致的结论,所以在学术上的表现便是礼玄双修。……这种玄礼双修之风,只有名教、自然合一之说盛行以后才能树立起来。"[5]p324 葛洪(284—344)的出处一致论,以及其后慧远(334—416)的殊途同归论,表现出各家思想互相渗透和调和的倾向,是中国多元文化融合进程中的一个组成部分。

　　葛洪不是一个一流的思想家,他的理论修养和哲理阐发程度还不够深刻,《抱朴子外篇》内容上龃龉不合的地方很多,所以它长期归入杂家,过去学者少有问津也是因为大多病其芜杂。《抱朴子外篇》中的黄老思想作为一条线索隐约贯穿其中,还不是特别系统突出。葛洪之师郑隐曾经面告葛洪:"郑君言:'君有甄事之才,可教也。然君所知者,虽多未精,又意在于外学,不能专一。'"[26]卷19《遐览》,p332 郑隐确实指出了葛洪思想上的基本特点:葛洪知识博杂而不精专,没有完全融会贯通。清人钮树玉《匪石先生文集》下《读抱朴子》中也说道:"抱朴子之学,博矣。其言辨,而识见超悟未能绝人。……《外篇》谈时事,未必过《淮南》也。"[3]p771 这个评论是中肯的。《抱朴子外篇》和《淮南子》一样具有共同的黄老思想特点,但是没有达到《淮南子》那样的理论圆融程度。李慈铭《受礼庐日记》八八中云:"《外篇》意救衰俗,皆通正明达之言,而理浅思卑,文繁旨复,词弱而不扬,气漫而不整,盖东晋文笔之最下者。"[3]p735 虽然李慈铭的评价有失偏颇,但确实指出了《抱朴子外篇》的一些缺陷。《抱朴子外篇》的论证方式多用问难辩论体裁,带有玄学析理倾向,说明受到清谈时风的影响,而清谈中强词夺理、逻辑推理不大严密的缺陷在《抱朴子外篇》中也有明显体现。葛洪立言著述强调"文贵丰赡",[3]卷40《辞义》,p397所以对同一话题反复申述,文风上也颇伤词费。

以上《抱朴子外篇》的这种状况为研究清楚它的政治思想带来了困难。本书初步探讨和分析了《抱朴子外篇》政治思想的内容性质以及学术特征,只是抛砖引玉,敬请方家指正。

参考文献

[1] 房玄龄等:《晋书》,北京:中华书局,1974。

[2] 徐大同:《中国古代政治思想史》,长春:吉林人民出版社,1981。

[3] 杨明照:《抱朴子外篇校笺》下册,北京:中华书局,1997。

[4] 汤用彤:《魏晋玄学论稿》,上海:上海古籍出版社,2001。

[5] 唐长孺:《魏晋南北朝史论丛》,石家庄:河北教育出版社,2000。

[6] 范文澜:《中国通史》第二册,北京:人民出版社,1978。

[7] 沈善洪等:《中国伦理学说史》,杭州:浙江人民出版社,1985。

[8] 刘泽华等:《中国古代政治思想史》,天津:南开大学出版社,2001。

[9] 李丰楙:《不死的探求——抱朴子研究》,台北:中时出版社,1982。

[10] 丁宏武:《抱朴子外篇的成书及思想倾向》,《甘肃社会科学》2004年第2期。

[11] 萧公权:《中国政治思想史》,沈阳:辽宁教育出版社,1998。

[12] 侯外庐:《中国思想通史》第 3 卷,北京:人民出版社,1957。

[13] 杨向奎:《论葛洪》,《文史哲》1961 年第 1 期。

[14] 王仲荦:《魏晋南北朝史》下册,上海:上海人民出版社,1980。

[15] 宗若莉:《葛洪思想研究》,硕士学位论文,台湾辅仁大学中国文学研究所,1980。

[16] 卢央:《葛洪评传》,南京:南京大学出版社。2006。

[17] 魏征等:《隋书》,北京:中华书局,1973。

[18] 四库全书研究所:《四库全书总目》,北京:中华书局,1997。

[19] 杨明照:《抱朴子外篇校笺》上册,北京:中华书局,1991。

[20] 司马迁:《史记》,北京:中华书局,1982。

[21] 冯友兰:《中国哲学史新编》第三册,北京:人民出版社,1985。

[22] 萨孟武:《中国政治思想史》,台北:三民书局,1979。

[23] 伍伟民:《黄老之学与〈抱朴子〉》,《中国哲学史研究》1988 年第 1 期。

[24] 浙江大学中国思想文化研究所:《首届葛洪与中国文化国际学术研讨会论文集》,杭州,2003。

[25] 句容市道教协会:《葛洪与中国道教文化学术研讨会论文汇编》,2006。

[26] 王明:《抱朴子内篇校释》,北京:中华书局,1985。

[27] 胡孚琛:《魏晋神仙道教》,北京:人民出版社,1989。

[28] 陈昌文:《葛洪——由儒向道的心理历程》,《四川大学学报》2001 年第 4 期。

[29] 王明:《道家和道教思想研究》,北京:中国社会科学出版社,1984。

[30] 刘玲娣:《出处两难——论葛洪隐逸思想的特点》,《湖北师范学院学报》2003 年第 3 期。

[31] 郑全:《葛洪哲学思想研究》,博士学位论文,南开大学哲学系,2004年。

[32] 王晓毅:《"因循"与建安至景初之际曹魏官方政治哲学》,《南京大学学报》2004年第6期。

[33] 丁原明:《黄老学论纲》,济南:山东大学出版社,1997。

[34] 庞月光:《葛洪及其政治观》,《北京教育学院学报》1997年第2期。

[35] 刘玉菁:《东晋南朝江东士族与道教之关系——以葛洪、陆修静与陶弘景为中心》,硕士学位论文,台湾成功大学,2002。

[36] 唐长孺:《魏晋南北朝史论丛拾遗》,北京:中华书局,1983。

[37] 陈垣:《道家金石略》,北京:文物出版社,1988。

[38] 司马光:《资治通鉴》,北京:中华书局,1956。

[39] 陈寿:《三国志》,北京:中华书局,1982。

[40] 汪征鲁:《魏晋南北朝选官体制研究》,福州:福建人民出版社,1995。

[41] 周一良:《魏晋南北朝史论集》,北京:北京大学出版社,1997。

[42] 萧统:《六臣注文选》,北京:中华书局,1987。

[43] 余嘉锡:《世说新语笺疏》,北京:中华书局,1983。

[44] 向新阳等:《西京杂记校注》,上海:上海古籍出版社,1991。

[45] 田余庆:《东晋门阀政治》,北京大学出版社,1989。

[46] 王晓毅:《郭象评传》,南京:南京大学出版社,2006。

[47] 陈奇猷:《韩非子新校注》,上海:上海古籍出版社,2000。

[48] 王永平:《六朝江东世族之家风家学研究》,南京:江苏古籍出版社,2003。

[49] 吴正岚:《六朝江东士族的家学门风》,南京:南京大学出版社,2003。

[50]《论语注疏》,北京:北京大学出版社,1999。

[51] 尚志钧:《补辑肘后方》,合肥:安徽科学技术出版社,1983。

[52] 葛兆光:《中国思想史》第一卷,上海:复旦大学出版社,1998。

[53] 班固:《汉书》,北京:中华书局,1962。

[54] 范晔:《后汉书》,北京:中华书局,1965。

[55] 陈鼓应:《老子注译及评介》,北京:中华书局,1984。

[56]《尚书正义》,北京:北京大学出版社,1999。

[57] 严可均:《全上古三代秦汉三国六朝文》,北京:中华书局,1958。

[58]《道藏》,文物出版社、上海书店、天津古籍出版社,1988。

[59] 中国魏晋南北朝史学会:《魏晋南北朝史研究》,武汉:湖北人民出版社,1996。

[60] 张东华:《汉末魏晋时期"威惠"型官吏形态研究》,硕士学位论文,湖南师范大学,2004年。

[61] 汤球等:《众家编年体晋史》,天津:天津古籍出版社,1989。

[62] 丁宏武:《〈抱朴子外篇〉所载东晋初年〈庚寅诏书〉考》,《西北师范大学学报》2005年第5期。

[63] 俞正燮:《俞正燮全集》上册,合肥:黄山书社,2005。

[64] 张国安:《晋明帝末年统治集团内部的一次斗争》,《北京大学学报》1986年第4期。

[65] 赵翼:《廿二史劄记》,沈阳:辽宁教育出版社,2000。

[66] 李吉甫:《元和郡县图志》,北京:中华书局,1983。

[67] 陈寅恪:《金明馆丛稿初编》,上海:上海古籍出版社,1981。

[68] 邱鹤亭:《神仙传注译》,北京:中国社会科学出版社,2004。

[69] 王应麟:《困学纪闻》,沈阳:辽宁教育出版社,1998。

[70]《春秋左传正义》,北京:北京大学出版社,1999。

[71] 章太炎:《章太炎讲国学》,北京:东方出版社,2007。

[72] 陈飞龙:《〈抱朴子〉修撰过程考论》,《中央大学社会文化学

报》(台北)1994年第1期。

[73] 佐藤利行:《西晋文学研究》,北京:中国社会科学出版社,2004。

[74]《礼记正义》,北京:北京大学出版社,1999。

[75] 丁宏武:《葛洪及〈抱朴子外篇〉考论》,博士学位论文,西北师范大学文学院,2006。

[76] 何兹全:《中国通史》第五卷上册,上海:上海人民出版社,2004。

[77]《鲁迅全集》第8卷,北京:人民文学出版社,1981。

[78] 王德华:《东晋文学的主题变迁与地域分布》,《浙江大学学报》2006年第1期。

[79] 中国魏晋南北朝史学会,四川大学历史文化学院:《魏晋南北朝史论文集》,成都:巴蜀书社,2006。

[80] 王亚南:《中国官僚政治研究》,北京:中国社会科学出版社,1981。

[81] 刘泽华等:《政治学说简明读本》,天津:南开大学出版社,2001。

[82] 林校生:《司马睿幕府之构成特征简释》,《福建师范大学学报》2006年第6期。

[83] 黄晖:《论衡校释》,北京:中华书局,1990。

[84] 陆侃如等:《葛洪的文学观》,《山东大学学报》1963年第1期。

[85] 蓝秀隆:《抱朴子研究》,台北:文津出版社,1980。

[86] 大渊忍尔:《初期的道教——道教史研究》,东京:创文社,1991。

[87] 汪荣宝:《法言义疏》,北京:中华书局,1987。

[88] 张双棣:《淮南子校释》,北京:北京大学出版社,1997。

[89] 陈鼓应:《黄帝四经今注今译——马王堆汉墓出土帛书》,

北京:商务印书馆,2007。

[90] 王晓毅:《国学举要·道卷》,武汉:湖北教育出版社,2002。

[91] 王利器:《葛洪著述考略》,《文史哲》1993年第37辑。

[92] 黎翔凤等:《管子校注》,北京:中华书局,2004。

[93] 王利器:《吕氏春秋注疏》,成都:巴蜀书社,2002。

[94] 王卡:《老子道德经河上公章句》,北京:中华书局,1993。

[95] 王明:《太平经合校》,北京:中华书局,1960。

[96] 许抗生:《三国两晋玄佛道简论》,济南:齐鲁书社,1991。

[97] 晁天义:《文化新综合的一个案例——〈抱朴子〉巫术溯源》,硕士学位论文,陕西师范大学,2000。

[98] 王晓毅:《儒释道与魏晋玄学形成》,北京:中华书局,2003。

[99] 王新春:《哲学视域中黄老道家的理政之术》,《山东大学学报》2005年第6期。

[100] 李定生等:《文子校释》,上海:上海古籍出版社,2004。

[101] 《邓析子　慎子　尹文子　鹖冠子》,上海:上海古籍出版社,1990。

[102] 唐书文:《六韬三略译注》,上海:上海古籍出版社,2006。

[103] 高流水:《慎子全译》,贵阳:贵州人民出版社,1996。

[104] 阎步克:《品位与职位——秦汉魏晋南北朝官阶制度研究》,北京:中华书局,2002。

[105] 罗根泽:《中国文学批评史》,上海:上海古籍出版社,1981。

[106] 张觉:《商君书校注》,长沙:岳麓书社,2006。

[107] 陈沣:《东塾读书记》,上海:商务印书馆,1936。

[108] 吕思勉:《两晋南北朝史》,上海:上海古籍出版社,1983。

[109] 王天海:《荀子校释》,上海:上海古籍出版社,2005。

[110] 王焕镳:《墨子集诂》,上海:上海古籍出版社,2005。

[111] 《孟子注疏》,北京:北京大学出版社,1999。

[112]《毛诗正义》,北京:北京大学出版社,1999。

[113] 吕思勉:《吕思勉读史札记》,上海:上海古籍出版社,1982。

[114] 郭沫若:《十批判书》,北京:人民出版社,1954。

[115] 王元化:《韩非论稿》,《中华文史论丛》1980年第4期。

[116] 向宗鲁:《说苑校正》,北京:中华书局,1987。

[117] 王恺銮:《尹文子校正》,上海:商务印书馆,1935。

[118] 王肃:《孔子家语》,郑州:中州古籍出版社,1991。

[119] 范宁:《博物志校证》,北京:中华书局,1980。

[120] 徐元诰:《国语集解》,北京:中华书局,2002。

[121] 梁满仓:《汉唐间政治与文化探索》,贵阳:贵州人民出版社,2000。

[122] 郭茂倩:《乐府诗集》,上海:上海古籍出版社,1998。

[123] 陈寅恪:《魏晋南北朝讲演录》,合肥:黄山书社,1987。

[124] 郭庆藩:《庄子集释》,北京:中华书局,1961。

[125] 张觉:《潜夫论全译》,贵阳:贵州人民出版社,1999。

[126] 许维遹:《韩诗外传集释》,北京:中华书局,1980。

[127]《周易正义》,北京:北京大学出版社,1999。

[128] 杨伯峻:《列子集释》,北京:中华书局,1979。

[129] 叶瑛:《文史通义校注》,北京:中华书局,1985。

[130] 王晓朝:《"折衷主义"考辨与古希腊晚期哲学研究》,《哲学动态》2001年第9期。

[131] 余敦康:《魏晋玄学史》,北京:北京大学出版社,2004。

[132] 许辉等:《六朝文化》,南京:江苏古籍出版社,2001。

附录一

葛洪生卒年考异

摘要：葛洪享年以及生卒年研究上的歧异甚多。本文对历来研究者以太安二年(303)石冰乱起之年葛洪年岁二十一来上推葛洪生年的做法进行了匡正,通过考证发现:石冰之乱及江东大族起兵镇压的过程前后跨越两年,石冰乱起之年与葛洪参与镇压石冰之乱的时间并非在同一年,葛洪参加镇压石冰之乱时二十一岁,是翌年即永兴元年(304)的年岁,而非太安二年(303)石冰乱起之时的年岁,从而解决了葛洪生卒年研究上生年283年和284年相差一年这一最大悬案。本文还探寻了葛洪享年六十一和八十一两种记载形成的原因,认为袁宏《罗浮记》关于葛洪享年六十一的记载是已知最为原始的史料,"八十一"应是"六十一"传写错误导致。另外还在道经中找到葛洪卒于344年的直接史料,解决了以往由于缺乏史料而对葛洪卒年流于推测的缺憾。本文考证结论:葛洪的生年为284年,卒年为344年,享年六十一岁。

关键词：葛洪；生年；卒年；享年

一、引言

两晋时期的葛洪是中国思想史和宗教史上举足轻重的人物,然而其生卒年问题迄今没有研究清楚。葛洪生卒年的确定,是研究葛洪生平和思想的基础工作。仅最近三十年来关于葛洪生卒年的研究争辩论文就有数十篇,这在其他历史人物研究上是不多见的。葛洪享年六十一基本成为绝大多数研究者的共识,八十一说被否定。当前遗留的最大问题是:大多数研究者都坚持享年六十一说,但却有283—343 和 284—344 两种生卒年看法。两种看法都以太安二年(303)石冰乱起之年葛洪年岁二十一来上推葛洪生年,没有在这一细节上发现造成歧异的根源。本文要解决的核心问题就是两种生卒年结论相差一年的问题。

《晋书·葛洪传》记载葛洪享年八十一,而无生卒年记载。清代钱大昕在其《疑年录》中最早指出了有关葛洪享年记载的不同,虽然钱大昕认为葛洪享年八十一、卒于咸和年间的看法不正确,但钱大昕是已知的提出葛洪生卒年问题的第一人。近人和今人吴士鉴、刘汝霖、余嘉锡、钱穆、侯外庐、陈飞龙、王明、杨明照、罗宗强等诸位先生,对葛洪生卒年的史料不断进行拓展和挖掘,为最终解决葛洪生卒年问题铺平了道路,但各持一说,没有拿出说服对方的根据。

吴士鉴、刘承干在《晋书斠注》(刊刻于 1928 年)中,对《晋书·葛洪传》的斠注使用了《晋中兴书》以及《太平寰宇记》转引袁宏《罗浮记》的材料。虽然吴士鉴沿袭葛洪享年八十一的成说,没有采信《罗浮记》的说法,但开始使用的《罗浮记》,成为以后研究葛洪生卒年的最重要史料之一。刘汝霖先生在 1936 年商务印书馆出版的《东晋南北朝学术编年》中,即认为《罗浮记》较为可信。陈国符先生在《道藏源流考》中也认为葛洪享年六十一之说为是。侯外庐先生在《中国思想通史》第三卷中也采信了《罗浮记》的记载。但各位研究者并未对《罗浮记》和《晋书》两种不同记载的关系以及形成歧异的原因进行深入的辨析。

1941 年,余嘉锡先生在《〈疑年录〉稽疑》中,对钱大昕的结论进行修正时,首次发现并使用了《太平御览》卷 328 中关于葛洪镇压石冰之乱时二十一岁的一段《抱朴子》佚文。虽然余嘉锡先生由于偶疏从303年上推二十一岁误推到284年,但是这段《抱朴子》佚文的使用,成为葛洪生卒年研究史上最大的史料发现,功不可没。

1946年,钱穆先生在《葛洪年谱》中,根据《葛洪传》中邓岳卒于葛洪之后这一线索,最早使用了内证的方法来推论葛洪的生卒年,认为葛洪享年不足六十。虽然钱穆先生考证邓岳任职时间由于疏漏错估了葛洪享年,但这一内证思路成为葛洪生卒年研究的又一重要途径。侯外庐先生也继承了内证这一方法。

台湾陈飞龙先生在《葛洪之文论及其生平》中,使用了《道教义枢》和《云笈七签》的材料论证葛洪的生卒年。① 王明先生在《抱朴子内篇校释》中,也沿用了这些材料。

杨明照先生在《抱朴子外篇校笺》附录七《葛洪生卒年》中,基本上将以上所有的有关葛洪生卒年的史料,汇集一处,颇便于研究者使用。

二、葛洪为将兵都尉时间与其生年考证

至今没有发现关于葛洪生年的直接史料。葛洪的生年主要通过两种史料可以推得:一是《太平御览》卷328中的一段抱朴子佚文,二是道经中所见葛洪卒年史料(这一点留待本文后边讨论)。下面移录《太平御览》卷328所保存的这段《抱朴子》佚文:

> 晋太康(太安)二年(303),京邑始乱,三国举兵攻长沙王乂。小民张昌反于荆州,奉刘尼为汉主。乃遣石冰击定扬州,屯于建业。宋道衡说冰,求为丹阳太守,到郡,发兵以攻冰;召余为贮(将)兵都尉。余年二十一,见军旅不得已而就之。宋侯不用吾计,数败。吾令宋侯从月建住华盖下,遂收合馀烬,从吾计破石冰焉。

---

① 陈飞龙:《葛洪之文论及其生平》,台北:文史哲出版社,1980:88。

此段文字为葛洪自叙,史料价值极高。对这段佚文,历来研究者理所当然认为太安二年,葛洪年二十一,所以从太安二年(303)上推二十一岁,则得出葛洪生年为283年;但这又与道经中的史料推出的284年生年相差一年,至今没有合理解释,因而成了葛洪生卒年研究中的最大疑案。

余嘉锡先生在《〈疑年录〉稽疑》中指出:"《御览》太康二年,乃太安二年之误也。以此上推二十一年,是为晋武帝太康五年(284)。"①这里余嘉锡先生犯了一个技术性错误:如果从太安二年(303)上推二十一年,应当是太康四年(283)而非太康五年(284)。

钱穆、陈飞龙、王明、杨明照等诸先生,都以太安二年上推二十一年,推出葛洪的生年为283年,认为绝无问题。

面对从道经中的史料推出的284年生年歧异,杨明照先生认为六十一是就足岁算法而言。然后中国古人享年的算法通行虚岁,周岁解释,比较突兀;胡孚琛先生在其《葛洪年谱考略》中对这段佚文勉强断句为:"余年二十,一见军旅,不得已而就之。"②这样虽然与由卒年和享年推出的生年284年相合,然而这种断句,不合文法规范,与诸研究者所使用习惯大异,而且与葛洪《抱朴子外篇·自叙》中所言"累见敦迫"情况下才参军的记载冲突。邹远志先生《葛洪生卒年考辨》一文,认为这段佚文"不能断然肯定它没有经过后人的窜改而失去原貌从而导致其信息失真",所以干脆回避不用。③

考查史料可知:张昌石冰之乱经历了两年而非一年:太安二年(303)五月是张昌石冰乱起之年,永兴元年(304)三月是石冰之乱被平定的时间。仔细寻绎这段佚文文意,可以发现问题在于:葛洪二十一岁时为将兵都尉,是在张昌石冰乱起这一年还是在石冰之乱被平

---

① 余嘉锡:《余嘉锡文史论集》,长沙:岳麓书社,1997:467。
② 浙江大学中国思想文化研究所:《首届葛洪与中国文化国际学术研讨会论文集》,杭州,2003:236。
③ 邹远志:《葛洪生卒年考辨》,《上海道教》,2003(2):35。

定的这一年?《太平御览》是类书,而类书引文往往剪辑裁割,并非全引。所以这段《抱朴子》佚文开头的"太安二年"到"余年二十一"之间,究竟有无字句遗漏,不得而知。抛开这一点不谈,先就分析这段佚文,也可以看出,葛洪这一段佚文叙述的事情并非一件,开头的"太安二年"时间,说的是八王之乱中长沙王司马乂受到打击和石冰乱起的时间;而以下两件事情:宋道衡求为丹阳太守和葛洪被召为将兵都尉,与前者并非同一件事,因此时间上就未必同一。

根据《晋书》和《资治通鉴》以及葛洪《自叙》,可以将葛洪在石冰之乱中的活动划分为三个阶段。第一阶段,就是葛洪上文所记的太安二年,石冰乱起。第二阶段,江东大族起兵反抗,包括宋道衡在内。第三阶段,葛洪被召为将兵都尉。从上下文的叙述看,"太安二年"是说张昌乱起的时间;"余年二十一",则是说明葛洪自己为将兵都尉时的年龄。两者叙述关系并不同时,葛洪年龄二十一时并不一定在太安二年。以往直接将葛洪参与镇压石冰之乱的时间等同于太安二年,以太安二年当作葛洪二十一岁的时间,因此导致推出的生年与从葛洪的卒年推出的生年相差一年。

以下实际分析一下葛洪参加镇压石冰之乱的时间顺序。

1. 石冰之乱时间与江东大族起兵镇压石冰时间。关于太安二年(303)五月张昌石冰乱起的时间,各种史书记载比较清楚一致。《晋书》卷4《惠帝纪》载:

太安二年五月,义阳蛮张昌举兵反。

秋七月,张昌陷江南诸郡。昌别帅石冰寇扬州,刺史陈徽与战,大败,诸郡尽没。

十二月丙寅,扬州秀才周玘、前南平内史王矩、前吴兴内史顾秘起义军以讨石冰。

太安二年十二月丙寅,为十二月二十七日,已是公元304年1月20日。当然太安二年又有一个闰十二月。石冰太安二年(303)七月份占领扬州,占据了五个月时间,十二月底江东大族才联合起兵反抗,可见江东大族开始对于石冰之乱,反应并不强烈。以葛洪的个性和家世资历,在反抗石冰之乱上,也不大可能是主动首倡。

2. 葛洪参加镇压石冰之乱的时间。这里将有关葛洪参加镇压石冰之乱另两则史料排比对照。《抱朴子外篇·自叙》载:

> 义军大都督檄洪为将兵都尉,累见敦迫。

《晋书》卷72《葛洪传》载:

> 太安中,石冰作乱,吴兴太守顾秘为义军都督,与周玘等起兵讨之,秘檄洪为将兵都尉,攻冰别率,破之,迁伏波将军。

以上一说顾秘檄葛洪为将兵都尉,一说宋道衡召葛洪为将兵都尉,说法不一。可能的情况是:太安二年十二月底顾秘是当时江东联合义军的最高统帅,檄文为顾秘发出;新任丹阳太守宋道衡,组织了一支配合顾秘行动的义军,执行顾秘的号令,是丹阳郡义军的直接首领。所以,檄葛洪为将兵都尉的是顾秘,召葛洪为将兵都尉的是宋道衡。

从太安二年七月石冰攻陷扬州,诸郡皆没,到十二月丙寅周玘、王矩倡义,扬州诸郡在石冰统治下已经过去了五个多月。江东大族起兵镇压石冰起义的时间先后顺序为:首先是周玘、王矩密谋倡义,可能在十二月丙寅之前;史载"十二月丙寅"这样一个准确日子,可能是江东大族传檄州郡起兵的日子。

从参加镇压的所提到的各支义军首领看,葛洪在其中年龄最小,其他如顾秘、甘卓、周玘等人,年皆长洪,葛洪在其中年资较浅。新任丹阳太守宋道衡召葛洪为将兵都尉,说明葛洪并不是直接听命于顾秘。十二月二十七日的首次檄文命令,不大可能直接号令到葛洪将兵都尉这样低一级的将领。

关于葛洪的直接上级宋道衡起兵情况是:"宋道衡说冰,求为丹阳太守,到郡,发兵以攻冰。"宋道衡求石冰派自己去任丹阳太守,是一个准备推翻石冰的诈谋。如果这个诈谋是在周玘等人十二月二十七日传檄州郡之前实施的,则江东倡义的头功包括宋道衡,史书不大可能漏载。合乎常理的顺序是:宋道衡对石冰实施这个诈谋,是在十二月二十七日周玘、顾秘等人传檄州郡之后,宋道衡顺应顾秘义军兴起的星火燎原形势发生的,宋道衡起兵在十二月二十七日之后。因此,宋道衡参与起义晚于顾秘。十二月二十七日传檄州郡之后,中间还有一个时间间隔,宋道衡才"到郡,发兵以攻冰"。

在宋道衡起兵后,召请葛洪,葛洪又是在"累见敦迫"的情况下才募合几百人起兵的。葛洪被召请之初,并不主动,经过了不止一次的敦促逼迫。这样也需要一个时间和过程。这样周玘、王矩等在太安二年(303)十二月二十七日传檄州郡后,宋道衡对石冰实施诈谋,求为丹阳太守,到郡后发兵攻打石冰,接着宋道衡召请葛洪,经过宋道衡屡次敦促逼迫,葛洪才答应下来,又经过一个募合数百人队伍的过程,完全可能已经过了太安二年十二月年底,葛洪于翌年也就是永兴元年(304)才真正被任命为将兵都尉。

如果葛洪被任命为将兵都尉时年龄二十一,是在翌年永兴元年(304)而非太安二年(303),那么葛洪生年,就应当是晋武帝太康五年(284)而非太康四年(283)。而这正好与葛洪建元二年(344)卒时享年61岁吻合。以往关于葛洪生卒年的研究中,享年多出一岁的龃龉不合自然冰释。

三、两种葛洪享年史料的关系考证

记载葛洪享年的史料有六十一和八十一两种。这里考证一下这两种史料的关系,以及造成这种差异的原因。

已知有关葛洪享年的最早记载,是袁宏(328—376)的《罗浮记》。南朝梁释慧皎《高僧传·单道开传》和唐释道世《法苑珠林》记载晋兴宁元年(363),袁宏任南海太守,登罗浮山作《罗浮记》,其中记有葛洪卒时的情况。这在所有史料中距离葛洪生活年代最近。

杨明照先生认为,袁宏江左史家,且擅文名,年岁又与葛洪相接,对博闻深洽,著述富于班马之葛洪,谅多所了解。撰《罗浮记》不描绘罗浮山自然风光,而专记憩于此山之葛洪,其景仰之情,已可概见。

文中称广州刺史邓岱及洪与岱书二者，当是纪实，皆可作为洪卒年切证……故其说最可信。① 王承文先生在《葛洪晚年隐居罗浮山事迹释证——以袁宏〈罗浮记〉为中心》一文中，通过考证也认为："现存有关葛洪晚年隐居罗浮山事迹及其卒年的记载，以东晋南海太守袁宏所撰《罗浮记》为最早，具有极高的史料价值。"②但杨明照先生和王承文先生都没有具体分析《罗浮记》与《晋书·葛洪传》的关系问题。

通过以下前后几种史料的对照可以看出，袁宏《罗浮记》中有关葛洪的记载最为原始。《罗浮记》后包括《晋书·葛洪传》的相关葛洪记载，应当都是本自《罗浮记》，沿袭痕迹非常明显。

袁宏《罗浮记》现存《太平寰宇记》卷160中，有关葛洪部分内容移录如下，以便对照分析：

> 葛洪，字稚川，句容人也。谯国人嵇含尝为广州，乃请洪参广州军事。洪允，先行到广州，而舍于此。（嵇含）遇害，洪还留广州，乃憩于此山。咸和初，司徒王导补州主簿，转司徒掾，迁谘议参军。干宝荐洪才器宜掌国史，当选大著作，洪因固辞不就。以年老，欲炼丹自卫。闻交趾出丹砂，乃求句漏县，于是选焉。遂将子侄俱行。至广州，刺史邓岱以丹砂可致，请留之，洪遂复入此山炼神丹。于此山积年，忽与岱书云："当远行寻师、药，克期当去。"岱疑其异，便狼狈往别。既至，而洪已亡。时年六十一。视其颜色如平生，体亦柔软。举尸入棺，甚轻，如空衣然也。

《太平寰宇记》所引《罗浮记》，并非全引。《罗浮记》原貌难以估断，所以以下几种包括《晋书》在内的关于葛洪的史料，虽然不在此段《罗浮记》之中，但未必不是出自《罗浮记》。

《艺文类聚》卷78《灵异部上·仙道》载：

---

① 杨明照：《抱朴子外篇校笺》上册，北京：中华书局，1997：805。
② 浙江大学中国思想文化研究所：《首届葛洪与中国文化国际学术研讨会论文集》，杭州，2003：245。

> 《晋中兴书》曰：葛洪，字稚川，亡时年八十一，视其貌如平生。体亦柔软，举尸入棺，其轻如空衣，时咸以为尸解得仙。

《太平御览》卷664载：

> 《晋中兴书》曰：葛洪赴岣嵝令，行至广州，其刺史邓岱留不听去。洪乃止罗浮山中，炼丹积年。忽与岱书，当远行寻药，岱得书，径往别，而洪已亡，年八十一。颜色如平生，入棺，轻如空衣，尸解而去。

《艺文类聚》和《太平御览》同引《晋中兴书》，而字句不同，可见类书引文多非全引，节略裁割很是常见。《晋中兴书》原书已佚。作者何法盛，为南朝宋史学家，其与葛洪卒时年代相距甚远，所记内容沿自前人，应无疑义。两段《晋中兴书》记载，文字上与《罗浮记》雷同，难属巧合，应当本自袁宏。何法盛《晋中兴书》中葛洪享年八十一如果本自袁宏《罗浮记》中的六十一，则造成歧异的原因或是传写错误。其后南朝齐史学家臧荣绪（415—488）著《晋书》，又多采自何法盛与王隐所作晋史。至唐房玄龄主修《晋书》，又是以臧荣绪《晋书》为蓝本。以下唐修《晋书·葛洪传》中关于葛洪晚年事迹的记载，对照可以发现与《罗浮记》内容如出一辙：

> 咸和初，司徒导召补州主簿，转司徒掾，迁谘议参军。干宝深相亲友，荐洪才堪国史，选为散骑常侍，领大著作，洪固辞不就。以年老，欲炼丹以祈遐寿，闻交趾出丹，求为句漏令。帝以洪资高，不许。洪曰："非欲为荣，以有丹耳。"帝从之。洪遂将子、侄俱行。至广州，刺史邓岳留不听去，洪乃止罗浮山炼丹。……在山积年，……后忽与岳疏云："当远行寻师，克期便发。"岳得疏，狼狈往别。而洪坐至日中，兀然若睡而卒，岳至，遂不及见。时年八十一。视其颜色如生，体亦柔软，举尸入棺，甚轻，如空衣，世以为尸解得仙云。

这里《晋书·葛洪传》与《罗浮记》通过比照可以发现，二者在文字措辞、记叙顺序、内容细节，几无差别。《罗浮记》应是《晋书·葛洪传》

文字的最为原始的来源。这样,唐时形成《晋书》中葛洪八十一岁享年的记载,可以追溯到何法盛撰《晋中兴书》时已经有了歧异,唐修《晋书》只是沿袭这一记载,失于未能翻检原始史料。

王明先生持葛洪享年八十一说的一个依据是《仙苑编珠》卷上第6页的"葛洪兀然"条:"《道学传》云:年八十一,兀然若睡而蜕。"《仙苑编珠》作者王松年,五代或宋人;所引《道学传》的作者为南朝陈道士马枢。马枢更在何法盛和臧荣绪之后,所言"八十一",所据材料应不会早于何法盛与臧荣绪所本史料,所以也可能是沿袭错误。王明先生又使用唐以后材料如元张天雨《玄品录》中谓葛洪卒年八十一,这更在唐修《晋书》之后,史料价值更低。

四、葛洪卒年史料的补充及邓岳卒年疏证

葛洪的卒年史料,散见于道经之中,部分已为研究者所发现和使用,但是仍不够充分。关于邓岳卒于广州刺史任上的时间,钱穆先生由于考证偏差,所以得出葛洪年岁不足六十的结论。考证清楚邓岳卒于广州刺史任上的时间上限和下限,对于推断葛洪的卒年时间,也十分重要。

1. 关于道经中葛洪卒于建元二年史料的补充。正统《道藏》太平部诸字号《道教义枢》卷2第五《三洞义》引《真一自然经》载:

> 洪号抱朴子,以晋建元二年三月三日,于罗浮山付弟子海安君、望世等。至从孙巢甫,以晋隆安之末,传道士任延庆、徐灵期之徒。相传于世,于今不绝。

《云笈七签》卷6载:

> 传《灵宝经》以授葛玄。玄传郑思远,思远以《灵宝》及《三洞》诸经付玄从弟少傅奚,奚付子护军悌,悌付子洪,洪即抱朴子也。又于马迹山诣思远,告盟奉受。洪又于晋建元二年三月三日于罗浮山付弟子安海君、望世等。

建元二年(344)三月三日葛洪在罗浮山付经弟子,杨明照先生与陈飞

龙先生都指出,根据道家惯例,付经弟子也就是仙人升天的日子,这一天也就是葛洪去世的日子。但由于没有直接史料证据支持,只能流于猜测。所以王明先生又反将这两条材料当作证明葛洪仍然在世的证据。

"付经"于弟子和"传经"于弟子,字面相近,但道教中性质是不同的,"付经"于弟子往往特指师傅去世时候的行为。例如明释传灯《天台山方外志》卷10载:赤乌七年(244),葛玄谓郑隐曰:"吾昔受左元放,今付与汝。"是年"八月十五日,白日升天。"其实在《云笈七签》中恰恰有佐证葛洪付经弟子的时间也就是他去世时间的史料。《云笈七签》卷3《灵宝略纪》载:"抱朴从郑君盟,郑君授抱朴于罗浮山,去世以付兄子海安君。"前面两则材料表明葛洪付经弟子是在建元二年(344)三月三日,这里又说他去世之日付经弟子,则葛洪的卒年日期确实是建元二年三月三日。本文前面部分论证葛洪的生年为284年,至此知道344年为葛洪卒年,则其享年正为六十一岁。享年、生年、卒年,三者互相吻合。

王明先生根据《神仙传》中的《平仲节传》记载平仲节于晋穆帝永和元年(345)五月一日去世。认为葛洪之死,当在穆帝永和元年之后,康帝建元元年非其卒岁。① 卿希泰先生在《中国道教史》第一卷中也采信这一材料而对葛洪卒年提出疑问。② 同样罗宗强先生也沿用王明先生所据《神仙传》,认为葛洪"较大的可能,是卒于永和元年至三年之间,享年六十三至六十五。'三'与'五'因残蚀而为'一'"。③

其实王明先生所根据的《神仙传》是《道藏精华录》版本,出现时间最晚,内容多有后人羼入,史料价值最低。而且根据葛洪《抱朴子

---

① 王明:《抱朴子内篇校释》,北京:中华书局,1985:383。
② 卿希泰:《中国道教史》第一卷,成都:四川人民出版社,1988:304。
③ 罗宗强:《玄学与魏晋士人心态》,杭州:浙江人民出版社,1991:356。

外篇·自叙》，葛洪明言自己《神仙传》的写成时间，是在《自叙》写定之前；而这里《神仙传》中平仲节的活动时间，则起码在葛洪六十岁之后。由此可以推断《平仲节传》并非葛洪《神仙传》原书内容，所以难以征信。《平仲节传》不能作为推考葛洪卒年的根据。①

2. 关于葛洪卒时邓岳任广州刺史的史料疏证。上面袁宏《罗浮记》、《太平御览》、《艺文类聚》所引《晋中兴书》，《晋书·葛洪传》，都有葛洪卒时邓岳往别，到时葛洪兀然若睡已卒的史实，因此，葛洪卒于邓岳之前，应无疑义。钱穆先生较早使用了葛洪卒时邓岳仍在广州刺史任上这一线索，用内证的方法，通过确定邓岳的卒年上限来确定葛洪的卒年下限。钱穆先生的考证有疏漏之处，至今仍然没有解决邓岳卒年的年限问题。笔者根据《真诰》发现的新材料，可以考定邓岳卒于广州刺史任上的时间上下限。

《晋书·邓岳传》记载邓岳卒于广州刺史任上，但是卒于何时无载。《资治通鉴》卷94"成帝咸和五年"载："诏以陶侃都督江州，领刺史；以邓岳督交、广诸军事，领广州刺史。"邓岳为广州刺史的时间是咸和五年（330）。《资治通鉴》卷95"成帝咸康二年（336）"载："冬，十月，广州刺史邓岳遣督护王随等击夜郎、兴古，皆克之；加岳督宁州。"《资治通鉴》卷96"成帝咸康五年（339）"载："三月，乙丑，广州刺史邓岳将兵击汉宁州，汉建宁太守孟彦执其刺史霍彪以降。"咸康二年（336）、咸康五年（339），邓岳都以广州刺史的身份出兵，说明邓岳从330年至339年一直为广州刺史。

《邓岳传》又记载邓岳因为犯晋康帝（342年6月—344年9月在位）名讳，改为邓岱。晋康帝即位于咸康八年六月（342年6月），则邓岳卒于广州刺史任上，应不会早于342年6月。这是邓岳卒于广州刺史任上的时间上限。晋康帝即位之后，葛洪和邓岳才先后去世。

钱穆先生认为邓岳卒于晋康帝即位之前，他的根据是：邓岳卒于

---

① 刘剑锋：《论葛洪的生卒年及相关问题》，《船山学刊》，2005(4)：114。

广州刺史任上,而广州刺史在晋康帝建元元年为庾冰都督诸军事的时候取代。这种说法,大误;钱穆先生是将都督广州军事和任命为广州刺史混为一谈。《晋书》卷7《康帝纪》建元元年(343)载:"冬十月辛巳,以车骑将军庾冰都督荆、江、司、雍、益、梁六州诸军事、江州刺史。"《资治通鉴》卷97"康帝建元元年(343)"载:"先是车骑将军、扬州刺史庾冰屡求出外,辛巳,以冰都督荆、江、宁、益、梁、交、广七州、豫州之四郡诸军事、领江州刺史、假节。"都督广州军事,并不一定就任命为广州刺史。都督一州军事和任命为一州刺史,并不等同,此为研究魏晋史之常识,毋庸赘述。以上史料也表明,建元元年(343)庾冰虽然都督七州诸军事,但是只领江州刺史,其他各州包括广州在内的刺史之职,并未兼领。此时邓岳仍然可能在广州刺史任上。庾冰都督七州诸军事的记载,并不能作为343年邓岳已经卒于广州刺史任上的证据。

吴廷燮的《东晋方镇年表》,在邓岳和下任广州刺史滕含之间,由于缺乏滕含的任职时间史料,空白了数年。其实在《真诰》卷14注文中,正有滕含为广州刺史的时间:"滕含以永和十年(354)甲寅年为广州刺史。"这正可以补充《东晋方镇年表》的缺漏。以往研究者直接根据《东晋方镇年表》推考邓岳卒年,流于猜测,这则史料正好可以填补这一空白。

滕含354年就任广州刺史,则邓岳及其弟邓逸任广州刺史的时间下限不会晚于354年;如此,葛洪卒于363年或364年,就不可能有广州刺史邓岳在场,所以葛洪卒于363年或364年的说法不攻自破。武锋先生在《葛洪卒年再考证》一文中即是因臆断邓岳任职时间下限来断定葛洪享年八十一的。①

综上所述,邓岳卒于广州刺史任上的时间上限,不会早于342年6月晋康帝即位之时;下限,不会晚于354年滕含为广州刺史之时。

---

① 武锋:《葛洪卒年再考证》,《宗教学研究》,2006(2):138。

葛洪卒于 344 年,正在这一时间范围之内。

  葛洪的生卒年研究,关键是享年、生年、卒年能够一致,互相支持。这里论证葛洪的享年六十一岁,生年 284 年,卒年 344 年,三者互相支持,解决了关键史料上的几处歧异和疑难。

附录二

葛洪生地葬地考

摘要:葛洪是丹阳句容人,晚年隐居并卒于罗浮山,没有疑义;然而,葛洪的出生地可能并非句容,埋葬地也并非罗浮山。葛洪幼年一直和宦游在外的父亲葛悌在一起,所以葛洪很可能出生在葛悌的任职地洛阳或肥乡,而洛阳的可能性最大。至今葛洪的埋葬地共有三种说法。葛洪虽然卒于罗浮山,但罗浮山只留有葛洪的衣冠冢,没有真正埋葬在那里。关于杭州西湖葛岭的抱朴子墓旧闻,源自元代诗人吴莱一首诗中的文学虚构。魏晋时期盛行归葬习俗,葛洪卒后应是归葬到了家乡句容,因此关于葛洪墓在句容的史料记载最为可信。确定葛洪的出生地以及真正埋葬地,对于研究葛洪的生平和思想,具有一定的坐标意义。

关键词:葛洪;句容;洛阳;罗浮山;西湖

一、引言

葛洪是两晋时期的一个重要人物,他的《抱朴子》内外篇,在中国宗教史、思想史以及科技史上都产生了重要影响,过去学者已经进行了深入探讨;但是对于葛洪的生平,尤其是他的出生地、埋葬地问题,过去还没有给予充分的注意,这里拟作考证辨析。

附录二 葛洪生地葬地考

葛洪是丹阳句容人,这在《晋书·葛洪传》以及《抱朴子外篇·自叙》中,都有明确记载,应无疑义。然而,籍贯并不一定就是出生地。虽然至今史料中未见具体的葛洪出生地记载,但由于葛洪幼时一直和父亲葛悌生活在一起,则葛洪的出生地可能是其父亲葛悌的任所洛阳或者是肥乡,而洛阳的可能性最大。葛洪应在洛阳和肥乡度过了他的童年时代。

葛洪的卒地为广东罗浮山,没有疑义。但卒地和葬地并不能简单等同。台湾学者陈飞龙先生根据葛洪卒于罗浮山,就断然否定《乾隆句容县志》中关于葛洪葬在句容的记载,比较武断。罗浮山只有葛洪的衣冠冢,说明葛洪并不是真正葬在罗浮山。魏晋时期归葬习俗盛行,葛洪应当也是归葬到了家乡句容。《太平寰宇记》引《郡国志》、《弘治句容县志》中关于葛洪墓在句容的记载,应当比较可信。

杭州西湖葛岭有葛洪墓的旧闻,流传甚广。根据笔者考证,这一旧闻,源自元代诗人吴莱《景阳宫登初阳台谒抱朴子墓》一诗子虚乌有的文学虚构,元代之前包括与吴莱密切交往的同时代众多文人,如居住葛岭的张雨,都没有留下关于葛岭曾有抱朴子墓的任何蛛丝马迹的记载。吴莱诗中的"抱朴子墓"地点也并没有交代在西湖葛岭。明代初年编纂《成化杭州府志》时,编者夏时正望文生义,将吴莱诗中的景阳宫的"初阳台"张冠李戴为西湖葛岭的"初阳台",附会葛岭初阳台有抱朴子墓,误编府志之中,以致错谬沿袭,后来的方志、游记都是以讹传讹。宋元明清各种有关杭州西湖的游记史志资料中,没有任何有关亲见葛岭所谓的葛洪墓的外观形制、方位地点的具体记载和描述。所有西湖抱朴子墓的传闻和记载都源自吴莱这首诗,传播路线比较清晰可辨。

对于广东罗浮山、杭州葛岭或江苏句容葛洪埋葬地的三种说法,至今笔者没有看到有关考辨和研究的文章,本文拟作初步考辨。2006年8月至11月,笔者还对以上三处地点进行了实地踏勘、现场参观和走访,结果进一步支持了本文的考辨结论。

二、葛洪很可能出生在他父亲葛悌的宦游地洛阳或肥乡

(一) 关于葛洪家在丹阳句容的具体位置

《晋书·葛洪传》以及葛洪《抱朴子外篇·自叙》都记载葛洪是丹阳句容人,但没有说明葛洪家在句容的具体位置。葛洪家在句容的具体位置,可以通过他的从祖葛玄的一些资料中推考而得。葛洪家具体位置应当是在句容县的都乡吉阳里。

葛玄为葛洪的从祖:"余从祖仙公。"(《抱朴子内篇·金丹》)在陶弘景《吴太极左仙公葛公之碑》中,记载有葛玄家的具体位置:"公姓葛,讳玄,……丹阳句容都乡吉阳里人也。"(《华阳隐居集》、《道藏》本《太平部》)葛洪与葛玄既是一个家族,则葛洪也是丹阳句容都乡吉阳里人。本文后面还提到,葛玄墓与葛洪墓的位置十分接近,也可以旁证。

关于句容县都乡吉阳里。"都乡"为汉魏以来比较常见的地名,往往属于州治、郡治、县治及其附近区域,类似于今天的城关镇、城郊乡建制。"句容县都乡",则应在当时句容县治或其周郊附近。《弘治句容县志》卷1《坊》:"宣化坊在县治前吉阳里,以承流宣化得名。"此"吉阳里"地名或即葛洪家所在地,位置正在县城范围。

(二) 葛洪出生时应和父亲葛悌在一起

葛洪在《自叙》中交代:"洪者,君之第三子也。生晚,为二亲所娇饶。"葛洪"年十有三(296),而慈父见背"。

根据以上所述,葛洪出生后既然为二亲所娇生惯养,出生时以及幼年时期,应当和父亲葛悌在一起。葛洪的生年为284年。葛洪十三岁时也就是296年葛悌去世。284—296年这十三年期间,葛洪父亲葛悌宦游在外的地方,也应当是葛洪幼年、童年生活的地方。因此,可以通过考证葛悌的任职地来推考葛洪的早年生活地。

(三) 葛洪出生时葛悌可能在洛阳或肥乡任职

284年葛洪出生的时候,他的父亲葛悌可能在洛阳或者肥乡任职。

关于葛洪父亲葛悌的任职履历,葛洪在其《自叙》中有较为清楚的叙述:"洪父以孝友闻,行为士表,方册所载,罔不穷览。仕吴五官郎、中正,建城、南昌二县令、中书郎、廷尉平、中护军,拜会稽太守,未辞而晋军顺流,西境不守。博简秉文经武之才,朝野之论,佥然推君。于是转为五郡赴警,大都督给亲兵五千,总统征军,式遏壇场。天之所坏,人不能支。故主钦若,九有同宾。君以故官赴。"葛洪父亲葛悌在孙吴灭亡前后的这段经历,《晋书》葛洪本传中也有记载:"洪父悌,吴平(280)后入晋。"

280年葛悌入洛,之后第四年也就是284年,葛洪出生。入洛后葛悌的任职经历,葛洪在《自叙》中也有明确的交代:葛悌"以故官赴(洛阳),除郎中,稍迁至太中大夫,历位大中正、肥乡令。县户二万,举州最治,德化尤异。恩洽刑清,野有颂声,路无奸迹。不佃公田,越界如市,秋毫之赠,不入于门。纸笔之用,皆出私财。刑厝而禁止,不言而化行。以疾去官,发诏见用为吴王郎中令。正色弼违,进可替不。举善弹枉,军国肃雍。迁邵陵太守,卒于官"。280年葛悌以吴中护军身份随同孙皓赴洛,至296年葛洪十三岁时去世,依次任职郎中、太中大夫、大中正、肥乡令、吴王郎中令、邵陵太守,共六个职务。从280年开始的前三个职务郎中、太中大夫和大中正,任职地都应当在洛阳。第四个职务肥乡令任职地在肥乡。

294年(晋惠帝元康四年),吴王司马晏出镇淮南。葛悌被任命为吴王郎中令,应在此时。本年被任命为吴王郎中令一起随同吴王出镇淮南的,还有陆机、陆云兄弟以及顾秘,都为原江东大族。294年应为葛悌任职肥乡令的时间下限。这样,280—294年之间,葛悌入洛后共有两个任职地,即洛阳和肥乡。284年葛洪出生之时,应当为这两个地点之一。根据推断,284年葛悌还不大可能任职肥乡令。理由如下:

第一,肥乡的建制时间较晚,284年可能还没有肥乡的设置。王隐《晋书》卷2《地道记·广平郡》:"肥乡,太康中立,以隶广平也。

171

(《水经注》卷10《浊章水》下注引)"按：太康中设置肥乡县,太康年号十年(280—289)。肥乡在葛洪出生时的284年可能还没有设立。284年葛悌不大可能任职肥乡令。

第二,葛悌任职肥乡令的时间下限为任吴王郎中令的294年。如果太康五年(284)已经设置肥乡并且葛悌已经任职肥乡令,那么超过十年的时间葛悌只任职肥乡令一个职务;而280—284年不到五年的时间,葛悌就历任郎中、太中大夫和大中正三个职务,这不太合乎常理。因此,在284年葛洪生年,葛悌应当是任郎中、太中大夫和大中正三个职务中的一个,仍然身在洛阳;葛洪也就应当出生在洛阳。

这可以通过以下简图说明。葛洪父亲葛悌在280—294年之间任职变迁略图：

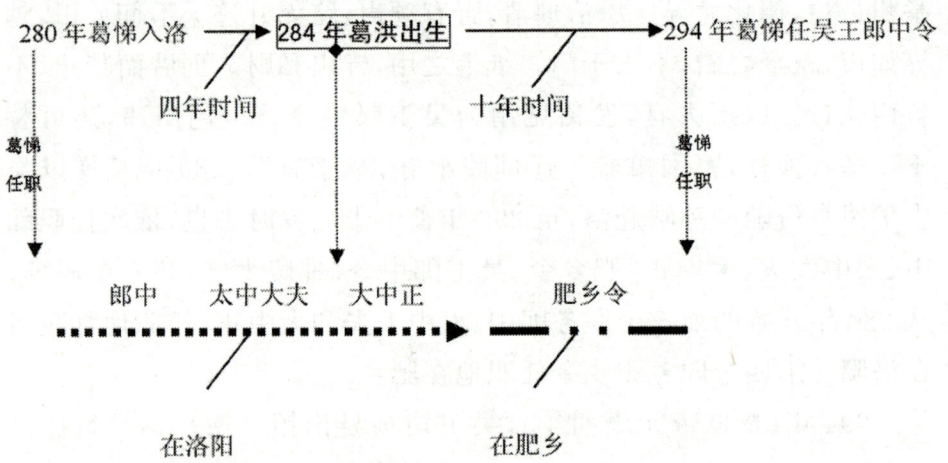

当然,也不能完全排除葛悌的前三个职务任职时间特别短暂的可能,284年葛悌也有可能已经任职肥乡令,这样葛洪也可能出生在肥乡;但这样的可能性小。葛洪出生在洛阳的可能性大。

以上毕竟是推断。如果葛悌子身宦游不带家眷,则葛洪还应是出生在句容。

三、罗浮山的葛洪衣冠冢

（一）葛洪卒于罗浮山以及遗言中"发"或"去"的含义

葛洪卒于广东罗浮山，这在《晋书》本传，《太平寰宇记》卷160引袁宏《罗浮记》，《艺文类聚》卷78引《晋中兴书》，《云笈七签》卷6，《道教义枢》卷2，《罗浮志》卷1，以及其他大量道经资料中，都有明确记载，应无疑义。

葛其荣先生在《葛洪卒年和生平新考》一文中，根据《晋书》本传中葛洪临死前写给邓岳的信中说"当远行寻师，克期便发"一语，推测葛洪离开了罗浮山，所以并没有卒于罗浮山。① 这只是断章取义，曲解了葛洪遗言的真正含义。《晋书·葛洪传》同一处记载紧接着就叙述，邓岳接到葛洪的信后赶到罗浮山见葛洪，赶到的时候葛洪已经去世："后忽与岳疏云：'当远行寻师，克期便发。'岳得疏，狼狈往别。而洪坐至日中，兀然若睡而卒，岳至，遂不及见。时年八十一。视其颜色如生，体亦柔软，举尸入棺，甚轻，如空衣，世以为尸解得仙云。"《晋书》本传的记载沿自袁宏的《罗浮记》。《太平寰宇记》卷160引《罗浮记》载："于此山积年，忽与岱书云：'当远行寻师、药，克期当去。'岱疑其异，便狼狈往别。既至，而洪已亡。时年六十一。视其颜色如平生，体亦柔软。举尸入棺，甚轻，如空衣然也。"袁宏（328—376）的《罗浮记》，是已知保留有关葛洪卒时情况的最早文献。南朝梁释慧皎《高僧传·单道开传》和唐释道世《法苑珠林》记载晋兴宁元年（363），袁宏任南海太守，登罗浮山作《罗浮记》。这在所有史料中距离葛洪生活年代最近。《葛洪卒年和生平新考》一文所提到的《台州府志》、三清山志书、宁海葛氏宗谱等关于葛洪晚年在浙赣一带活动的记载，皆为辗转传闻，不足征信。

---

① 浙江大学中国思想文化研究所：《首届葛洪与中国文化国际学术研讨会论文集》，2003：238。

从葛洪临死前写给邓岳的信中说"当远行寻师,克期便发"(《罗浮记》做"当远行寻师、药,克期当去")一语本身,不但不能作为葛洪离开了罗浮山的证据,反而可以由此推考出这正是葛洪卒于罗浮山的确证。这是因为,道教中有自择亡日的特习,例如《列仙传》中黄帝即为自择亡日之例;而且比较葛洪信中"克期便发"的"发"字,或"克期当去"的"去"字,又往往是自择亡日、临死诀别的标志。葛洪撰《神仙传》卷3《王远传》:"王远,字方平,东海人。……方平在(陈)耽家四十余年。……后语耽云:'吾期运将尽,当去,不得复停。明日日中,当发也。'至时,方平死。耽知其化去。"《神仙传》卷8《葛玄传》也记载了葛玄卒前的情形,与葛洪卒前表现极为类似:"一日,(葛玄)语弟子张恭言:'吾为世主所逗留,不遑作大药。今当以八月十三日中时去矣。'至期,玄衣冠入室,卧而气绝,颜色不变。"《神仙传》为葛洪撰写,两处"发"或"去"的用法相同,都特指自择亡日、临死前诀别用语。以上王方平、葛玄、葛洪三人去世情形很多地方极类似:一则都是自己选择了死亡日期,二则去世都是在日中,三则遗言中都有"发"或"去"这样类似寻常要出门远行的隐语。葛洪在罗浮山给邓岳信中说"当远行寻师,克期便发"(或"克期当去"),应当也是葛洪在罗浮山临死之前的诀别用语。

(二)罗浮山葛洪的衣冠冢

《葛洪卒年和生平新考》一文作者还从罗浮山只有葛洪的衣冠冢出发,认为葛洪没有卒于罗浮山。其实罗浮山有葛洪衣冠冢与葛洪卒于罗浮山并不矛盾。卒地和葬地并不能简单等同。罗浮山虽然不是葛洪的真正葬地,但不能由此就否定葛洪卒于罗浮山。例如孙中山卒于北京,葬于南京,北京有孙中山的衣冠冢,南京有中山陵,卒地和葬地以及衣冠冢三者的关系类似葛洪,比较容易明白。陈飞龙先生认为:"葛洪仙化于罗浮山,史有明证。《句容县志》云'葛洪墓在县治西一里许'者,殊不可信。"①陈先生也是将卒地和葬地混为一谈,很是武断。

罗浮山葛洪的衣冠冢历史,现在的确凿可考的原始史料较少。罗浮山在葛洪卒后(卒于344),晋安帝义熙初(405),山中就创建了葛洪祠以祀之。唐玄宗天宝年间扩建,名"葛洪祠",并给十家供奉守祠。宋哲宗元祐二年(1087)再次扩建,改额"冲虚观"。清同治年间重修,基本建筑格局保存至今。葛洪衣冠冢位置在冲虚观以东附近,始于何时,不得而知。成书于明代成化五年(1469)的《罗浮志》已记载有葛洪衣冠冢:"衣冠冢,在冲虚观,葛仙尸解,葬其衣冠。"②这里解释衣冠冢之所以没有埋葬葛洪的尸体,是因为尸解的缘故;这是对尸解的误解。尸解含义非一,然而主要指的是一种区别于白日升天的成仙方式(白日升天成仙,是个人肉体直接脱离尘世飞升了):尸解成仙,是虽然成仙,但如常人一样死亡而留有尸体,宣称真正的神仙已经超脱飞升了,尸体只不过如同蝉蜕。尸解原始的核心意义正是对号称成仙却留有"尸"的尴尬局面的一种诡辩。《晋书·葛洪传》称葛洪死后,"视其颜色如生,体亦柔软,举尸入棺,甚轻,如空衣,世以为尸解得仙云"。正是这一现象的例证。传闻葛洪尸解成仙,但同时明确记载他死后曾经尸体入棺;尸体虽轻,并非无尸。

明代《嘉靖惠州府志》卷5《地理志·罗浮山》和清代宋广业撰《罗浮山志会编》,都沿用了《罗浮志》的相同记载:"衣冠冢,葛仙尸解,葬其衣冠。"当代对罗浮山葛洪衣冠冢的解释,也是牵强附会,说葛洪"肉身飞升"上天去了,只留下一副衣冠,邓岳便将葛洪的衣冠埋葬起来,认为这就是葛洪衣冠冢的由来。③ 街谈巷议,不足深诘。

罗浮山只有葛洪的衣冠冢,说明罗浮山并不是葛洪的真正葬地;

---

① 陈飞龙:《葛洪之文论及其生平》,台北:文史哲出版社,1980:94。
② 陈梿:《罗浮志》,上海:商务印书馆,1936:14。
③ 苏方桂:《罗浮传说》,广州:广东旅游出版社,1983:28。

同时也不能否认,罗浮山是葛洪的卒地。

四、葛洪葬地句容考证

罗浮山葛洪衣冠冢,没有埋葬葛洪尸体,并非是由于葛洪尸解成仙而飞升了,而是尸体归葬到了家乡句容。葛洪的尸体埋葬地在句容。

句容现在留存的方志资料比较丰富,现存四部《句容县志》(明代一部,清代三部),都有葛洪墓的相关记载。葛洪墓在句容的记载,并非《句容县志》一处,还有《太平寰宇记》。

(一) 葛洪墓在句容的有关史料记载

宋乐史撰《太平寰宇记》卷90:"旧仙公墓。在(句容)县西南一里,见有碑碣。松迳《郡国志》云:勾曲有葛洪冢,是也,盖仙翁之宗族也。"这里的勾曲也就是句容。《弘治句容县志》卷1《邑名》载:"句容县有句曲山,山形如巳字,勾曲而有所容,因名曰句容。又名句曲、勾容,皆以此也。"

句容现存最早志书《弘治句容县志》卷5《丘墓》载:"葛洪墓在县治西一里许。即葛玄之孙。"《弘治句容县志》刻于1496年,这里关于葛洪墓的记载,不会是抄袭《太平寰宇记》中的记载,因为它还进一步交代了葛洪墓的具体方位地点"在县治西一里许"。所以弘治年间修县志的时候,葛洪墓应当还存在。这一点还可以通过对照《弘治句容县志》同卷中介绍其他丘墓的情况看出。《弘治句容县志》对于记载的其他丘墓的现状都有交代,凡是已经失考不存的,多有注明。例如:

> 古越王冢。按《金陵新志》:"在句容县。王名翳,周安王时薨,葬句容大横山下。今不知其处。

> 葛玄墓在县治西南一里许。墓前有葛仙庵。正统九年(1444年),道会朱荣先重修。

> 晋护军长史许穆墓,在县治西一里许。

>葛府君墓。在县治西七里,有碑及石门,今俱废。
>
>葛洪墓在县治西一里许。即葛玄之孙。"

这里记载了葛洪墓的准确方位地点,而且也没有说它失考不见,则明代葛洪墓仍然存在。

清代初年的《顺治句容县志》,在《古迹考·丘墓》中记载:"葛洪墓,在县治西一里许,即葛玄之孙。葛玄墓,在县治西南一里许。墓前有葛仙庵。正统九年(1444年)道会朱荣先修。万历二年(1574)令丁宾重修。至天启(1621—1627)间重建。"《顺治句容县志》对于葛玄墓以及葛仙庵的修建情况记载具体详细,应为实录。《乾隆句容县志》卷4《古迹志·冢墓》载:"葛洪墓在县治西一里许。洪即葛元(玄)之孙。"《嘉庆重修大清一统志》卷52"江宁府三·葛洪墓"条:"《寰宇记》:在句容县西南一里,亦名葛仙翁墓。盖仙翁之宗族也。"

今天句容葛洪墓已经不见了。本人曾经在句容葛洪墓遗址一带考察踏勘,葛洪墓已经没有了踪影,原葛仙庵后的葛玄墓的墓碑尚存于句容博物馆。

(二) 魏晋时期的归葬和迎丧习俗

葛洪卒于罗浮山而葬于句容,是魏晋时期盛行的归葬和迎丧习俗的反映。"所谓归葬,就是将客死异乡的尸骸迁回家乡埋葬。这一习俗盛行于魏晋南北朝时期。"[①] 受汉代以来孝道传统的影响,魏晋时期子孙费劲险阻迎丧,将先辈遗体灵柩从外地运回家乡埋葬的做法十分普遍。罗浮山不是葛洪的家乡,葛洪卒后家人将其遗体运回家乡句容埋葬,符合当时的风俗和常规。例如《三国志》和《晋书》当中这种例子就很多:

>《三国志》卷24《高柔传》载:"高柔字文惠,陈留圉人也。父靖,为蜀郡都尉。……会靖卒于西州,时道路艰涩,兵寇纵横,而柔冒艰险诣蜀迎丧,辛苦荼毒,无所不尝,三年乃还。"

---

① 徐吉军:《中国丧葬史》,南昌:江西高校出版社,1998:315。

《三国志》卷57《虞翻传》载,虞翻因为讥讽孙权迷信神仙,孙权大怒,"徙翻交州。……在南十余年,年七十卒。归葬旧墓,妻子得还。"

《晋书》卷34《羊祜传》载:"吴将陈尚,潘景来寇,祜追斩之,美其死节而厚加殡敛。景、尚子弟迎丧,祜以礼遣还。"

《晋书》卷76《顾众传》载,交州刺史顾秘卒后,其子顾众前往交州迎丧,历尽艰难,"秘卒,……众往交州迎丧,值杜弢之乱,崎岖六年乃还。"

其他诸如《魏书·赵琰传》、《北史·崔承宗传》、《北史·张说传》、《颜氏家训·终制篇》等,都有迎丧归葬情况的反映。

如果违反当时归葬礼制,则被视作大逆不道。为人所习知的一个典型例证如陈寿。《晋书》卷82《陈寿传》记载:"母遗言令葬洛阳,寿遵其志。又坐不以母归葬,竟被贬议。"陈寿因此仕途沉滞累年。

《晋书·葛洪传》记载葛洪前往句屚任职时,携带子侄同往,则葛洪卒于罗浮山时,应有子侄家人在旁。葛洪家人将其遗体归葬句容老家,应在情理之中。道经史料中记载葛洪从祖葛玄卒于天台山或建康,而不是卒于其家乡句容;但史料中又确凿记载葛玄墓一直存在于句容,说明道教人物葛玄仍是遵从流行的归葬习俗。葛洪归葬家乡句容,也属常规。

五、杭州西湖抱朴子墓旧闻证误

关于葛洪埋葬地点,还有杭州西湖一说。根据《晋书·葛洪传》记载,葛洪曾经于余杭山见过郭文举、何幼道,则葛洪曾经到过杭州一带。然而今天之西湖葛岭以及抱朴道院是否与葛洪有关,并无确证。杭州西湖有葛洪墓的说法,则源自元代诗人吴莱的文学虚构,纯属子虚乌有。有关西湖抱朴子墓的传闻,其源头和传播路线比较容易考证清楚,基本上是以讹传讹的结果。

（一）"抱朴子墓"始作俑者：《景阳宫登初阳台谒抱朴子墓》诗作者吴莱

考察现今所有能见到的关于西湖抱朴子墓的记载，以吴莱（1297—1340）为最早。吴莱虽然在诗中首次提及"抱朴子墓"这一特称，实际上也没有直接说明具体地点。这里先抄录吴莱《景阳宫登初阳台谒抱朴子墓》诗原文：

> 人生扰扰间，颇觉天地窄。
> 我忆抱朴子，高堂睨空碧。
> 初阳出山上，照破葛古石。
> 丹光动鼎铛，雾气浮冠舄。
> 遗书上下卷，道妙或黄白。
> 老衰及病叟，辛苦为形役。
> 岂伊凤鸾姿，终以狐兔宅。
> 尸解本无形，空飞宁复迹。
> 郑君仍有传，句扁恍若历。
> 椉子倘可问，稚川特未隔。
> 幽林来魍魉，缺井守蜥蜴。
> 神仙果何人？海岳长戏剧。
> 世传老聃死，吾谓方朔谪。
> 虚坟谁所为？怪树独悲激。
> 满前湖与山，秋色落几席。
> 因兹些尔魂，目送天边翮。①

根据这首诗的题目"景阳宫登初阳台谒抱朴子墓"的字面含义，抱朴子墓应当在景阳宫的初阳台，初阳台在景阳宫，而非在西湖葛岭。西湖葛岭也有初阳台，二者当为同名异地。西湖葛岭的初阳台在宋吴

---

① 吴莱：《渊颖集》，长沙：商务印书馆，1937：22。

自牧《梦粱录》卷11《岭》中有记载:"南高峰下烟霞岭、葛岭,在西湖之西,葛仙翁炼丹于此,有初阳台。"葛岭并没有景阳宫;《梦粱录》卷1《车驾诣景阳宫孟飨》中提及景阳宫,当为临安朝廷大内宫观之一。

葛岭的得名和出名,或与宋代居于此地的葛天民有关。葛天民字无怀,后为僧,名义铦,字朴翁。其后返初服,居西湖上,一时所交皆胜士。① 根据清代朱彭撰《南宋古迹考》卷下《寓居考·葛无怀居》所记,葛无怀居,在葛岭。宋代赵师秀有《题葛翁小阁》,叶绍翁有《题葛无怀隐居》、《赋葛天民载苇》,周文璞有《过葛天民新居》,薛师石有《赠葛天民》等;当时很多著名诗人都和葛天民有来往。葛天民,号朴翁,与葛洪世称葛仙翁,容易混淆。

吴莱这首诗,属于文学虚构性质,很多地方多种典故拼凑一起,张冠李戴,类似电影的蒙太奇手法。这首诗中,"郑君仍有传,句扁恍若历。桦子倘可问,稚川特未隔"。人们根据提及"郑君"、"句扁"、"稚川",容易想当然的联想是指的葛洪,其实大误。这几句中由于提及了"桦子",则吴莱这里引用的是唐人张读撰写的记述仙鬼灵异故事的传奇小说《宣室志》卷1中的僧契虚游仙都稚川典故,里面正有"郑君"、"句扁"、"桦子"、"稚川"几项内容。稚川并非指的葛洪,指的是道教的神仙洞府,稚川真君是神仙洞府的主宰尊神。此则故事记载除初见于《宣室志》卷1,② 还可以参见《云笈七签》卷82、《太平广记》卷28等,皆有辑录。

根据以上分析,诗题中的抱朴子墓所在的初阳台,并非在西湖葛岭;诗中所谈的内容,基本上也与葛洪无涉。可以断定,该诗所提到的"抱朴子墓",应是虚构,而非实指。而且"抱朴子墓"是否别有所指,也不得而知,不能简单就断定指的是"葛洪墓"。

吴莱喜欢虚构,作游仙诗。《四库提要》称吴莱诗风"恃气纵横,

---

① 周密:《癸辛杂识》,北京:中华书局,1988:226。
② 张读:《宣室志》,北京:中华书局,1983:12。

与覃思冶炼门户固殊。"(《四库全书·集部·别集类·渊颖集》)《渊颖集》卷 10 中又有《范蠡宅》一诗,范蠡宅也是虚指。

(二)《成化杭州府志》望文生义、张冠李戴,将"抱朴子墓"误植葛岭

现在能看到的将吴莱这首诗中的抱朴子墓编入地方志的,是明代初年的《成化杭州府志》。《成化杭州府志》卷 46《坟墓》载:"抱朴子墓在葛岭宝云寺。"卷 50《寺观四·城外钱塘县·宝云寺》载:"宝云寺。在葛岭上,玛瑙寺西。……有灵泉井、锦坞、初阳台,在山上。"其下收录吴莱这首诗作为佐证,并将题目省略为《登初阳台谒抱朴子墓》,"景阳宫"三字,可能发觉与葛岭情形不符,故而隐去,很不忠实。这是首见将"抱朴子墓"误植葛岭的记载。

《四库提要》对于《成化杭州府志》这种杂收诗词作为地理内容的做法提出严厉批评:"(《成化杭州府志》),明夏时正撰。……是书成于成化乙未(1475),……所收颇冗滥。如载凌云翰《嘲析产》小词之类,皆非《地志》之体。"其凡例称:"凡所引用诸书,多系简节全文,或因而足以己意。"(《四库全书存目丛书·史部·地理类》)这也是产生将吴莱诗中的"抱朴子墓"张冠李戴,误植葛岭的重要原因。

(三)有关抱朴子墓记载的传播渊源和路线

明代钱塘田汝成的《西湖游览志》,沿袭了《杭州府志》关于葛洪墓的记载(刻本嘉靖二十六年即 1547)。其后抄录《西湖游览志》而编纂成的明代俞思冲的《西湖志类钞》,也沿袭葛洪墓的说法。《西湖手镜》中葛洪墓的记载也不是亲见。明末纂修的《大明一统名胜志》同样沿袭。清代相关的葛岭抱朴子墓,都来源于明代的辗转抄录材料,没有一例亲眼看见的记载。例如清人翟灏的《湖山便览》记叙:"葛洪墓。万历《杭州府志》云:在葛岭宝云寺。"①但已经有人对明代的记载产生了怀疑。例如清人许承祖所撰《西湖渔唱》中说:"晋抱朴

---

① 翟灏:《湖山便览》,上海:上海古籍出版社,1998:97。

子葛洪墓。万历《杭州府志》:葛洪墓在葛岭宝云寺。"许承祖提出了自己的怀疑:"然吴诗云:'尸解本无形,空飞宁复迹?虚坟谁所为,怪树独悲激。'则当时亦只空名也。今墓已失考,因旧志俱载,亦存之。……岂古迹易湮?抑诗人好为点缀邪?录之以备参稽。"①

近现代其他有关葛岭抱朴子墓记载,最初源头都来自吴莱诗和《成化杭州府志》,兹不赘述。

(四) 今本萨都拉《雁门集》中《谒抱朴子墓》一诗出现的缘由

今本元人萨都拉(天锡)的《雁门集》中,收录有《谒抱朴子墓》一诗,原文如下:

炼丹仙子渺茫间,一夕乘风去不还。
火冷炉头灰已烬,云封洞口岭长闲。
千年瑞气生瑶草,夜半天风响佩环。
真境空明自今古,烟霞依旧隔人寰。②

诗下注解云:"《杭州府志》:墓在钱塘葛岭宝云寺。"《谒抱朴子墓》诗,"旧本所遗,据《西湖志》补收。"考核明田汝成《西湖游览志》卷8,确实录有本诗原文,然而诗题为"萨天锡诗",并非"谒抱朴子墓",即这首诗本是无名诗。虽然田汝成编纂《西湖游览志》务求包罗,收文冗滥,但还未贸然给本诗妄加"谒抱朴子墓"这一题目。明吴之鲸《武林梵志》卷5也录有本诗全文,诗题为"萨天锡葛岭诗",也非"谒抱朴子墓"。此诗即便为萨都拉(天锡)所作,原题并非"谒抱朴子墓"。"谒抱朴子墓"诗题,当为萨龙光所增饰。四库所收录旧本《雁门集》,并无《谒抱朴子墓》这首诗。殷孟伦先生指出,今天通行本《雁门集》为清代嘉庆十二年萨都拉(天锡)后裔萨龙光的辑本,其中不少诗作是萨龙光从别处采录补充,贪多务广,并非经过细致的考订。③ 萨龙光

---

① 许承祖:《西湖渔唱》,上海:上海古籍出版社,1985:176。
② 萨都拉:《雁门集》,上海:上海古籍出版社,1982:329。
③ 萨都拉:《雁门集》,上海:上海古籍出版社,1982:7。

在采入此诗同时,添加了"谒抱朴子墓"这一诗题。再看本诗的内容,更没有关于"抱朴子墓"的任何具体描述。

根据以上对这首诗的考辨,可以得出结论:并无实质史料证明元代萨都拉曾于西湖葛岭谒抱朴子墓;今本《雁门集》中所见《谒抱朴子墓》一诗,从诗题到内容本身,都不足征信。

(五)历代各种西湖文献都无葛岭存在葛洪墓的具体实证

西湖不同别处偏僻地方,它的名胜古迹,历代特别是宋代以来,有大量游记史志记载文献传世。由今人王国平先生主编的《西湖文献集成》,就有30大册,将有关西湖的历代文献搜罗殆尽;然其中都无葛岭存在葛洪墓的具体实证记载。

例如宋吴自牧《梦粱录》卷10、11、15、19中皆提及葛岭,特别是卷15《历代古墓》中,都未记载有葛洪墓。宋代隐居杭州西湖附近的周密的《武林旧事》,卷4、5都提及葛岭,没有见提及葛洪墓。

最典型的一个例证是元代钱塘人张雨,他长期居住过葛岭,自称葛坞人。(《四库全书·集部·别集类·句曲外史集》补遗卷中)他二十岁的时候弃家为道士,一时名公卿争与之友。张雨包括当时很多和张雨往来的名人,诗文中频繁提及葛岭以及葛洪,张雨仰慕葛洪之情,跃然纸上,但在他们的诗文中都没有提及葛岭有葛洪墓的存在。例如张雨《句曲外史集》卷上《葛岭新居》:"葛洪川上有余地,善和里中无故书。"还有《葛岭柬乐闲高士并寄公文道弟》:"葛洪井上访贞居,一饮甘泉足自如。"又《葛岭杂书》,等等。《句曲外史集》中更有几处直接提到初阳台,却没有其上存在葛洪墓的丝毫描述。例如《云巢楼》:"初阳台上白云多,云裏层层玉树歌。"又《初阳台》:"初阳台上新亭好,一曲笙簧石壁开。"

当时葛岭若真的有葛洪墓实物存在——即便为后来好事者所伪造,居住在葛岭并对葛洪甚为仰慕的张雨也不可能一点都不予记载。唯一的可能,就是张雨当时居住的葛岭,并不存在葛洪墓。同时代吴莱诗中提及的景阳宫初阳台抱朴子墓,起码可以排除存在于西湖葛岭,应是确凿无疑。明代其他的大量有关西湖的史志游记,如高攀龙的《武林游记》、王汝谦的《西湖韵事》、袁宏道的《西湖记述》、王绍传的《西泠游记》、李流芳的《西湖卧游图题跋》、高濂的《四时幽赏录》、浦祊的《游明圣湖日记》、黎遂球的《西湖杂记》、李鼎的《西湖小史》,等等,都没有亲见葛洪墓的任何具体记载。

现存立于明代万历壬子(1612)的"重建葛仙庵碑",在其碑文《重建葛仙庵碑记》中描述了葛岭风光以及葛仙庵(今抱朴道院前身)变迁,却只字未提葛仙庵所在的葛岭曾有过葛洪墓之事。虽然碑文对于葛洪的介绍和记载一知半解,错误连篇,但对葛仙庵以及葛岭周围过去变化和当时现状的记述,却比较准确可信。(朱越利先生对于碑文内容以及碑的背景研究分析甚详,可参阅《释杭州〈重建葛仙庵碑记〉》①)根据碑文可知葛岭根本不存在有葛洪墓。同时代所修《明一统志》以及《万历杭州府志》中,却仍有葛岭葛洪墓的记载,说明它们都非实地考察的结论,只是沿袭抄录《成化杭州府志》等旧闻,以讹传讹。

六、结语

葛洪的出生地可能为洛阳而非句容,埋葬地应为句容而非罗浮山,这和传统看法有很大不同。考证清楚葛洪的出生地以及童年生活地、卒后埋葬地,对于深入研究葛洪的生平履历和思想发展,有一定的参考意义。

---

① 朱越利:《释杭州〈重建葛仙庵碑记〉》,《浙江学刊》,1990(1):74。